**Ideen
Anleitung
Ausführung**

Ute Kase-Lepp

Romantische Puppen selbstgemacht

Künstlerpuppen aus Porzellan

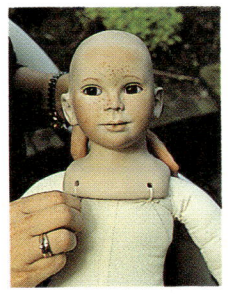

CALLWEY

SPEZIAL

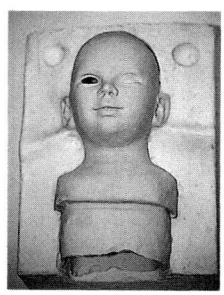

Die Deutsche Bibliothek –
CIP-Einheitsaufnahme
Romantische Puppen selbstgemacht :
Künstlerpuppen aus Porzellan ;
[Ideen, Anleitung, Ausführung] /
Ute Kase-Lepp. – München :
Callwey, 1992
(Callwey creativ : spezial)
ISBN 3-7667-1039-7
NE: Kase-Lepp, Ute

© 1992 by Georg D. W. Callwey
GmbH & Co., München
Alle Rechte vorbehalten, auch die
des auszugsweisen Abdruckes, der
photomechanischen Wiedergabe
und der Übersetzung
Einband und Reihengestaltung
Germar Wambach, München
Satz   Filmsatz Schröter GmbH,
München
Lithos   CS Repro-Dienst, Singapur
Druck und Bindung   Schauen-
burg GmbH., Schwanau
Printed in Germany 1992
ISBN 3-7667-1039-7

INHALT

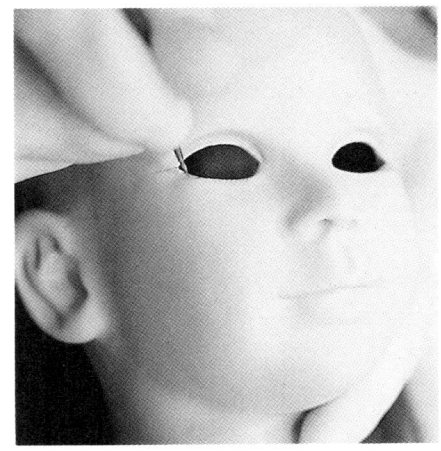

7 Luise – ein wahrer
Engel (vgl. auch Abb.
97).

Gerade in jüngerer Zeit wurde sehr viel über das Puppenmachen, Formenherstellen, über Bemalung und Bekleidung von Puppen geschrieben. Diese Ratgeber suchten vor allem den Laien die Technik des Puppenmachens nahezubringen. Da ich persönlich der Ansicht bin, daß die Puppe aus Porzellan als edelste aller Puppen anzusehen ist, hatte ich mich von Beginn meiner künstlerischen Tätigkeit im Bereich der Puppen speziell diesem Material zugewandt.

Manchen Leuten sind diese Puppen in der Wirkung und Ausstrahlung zu »kalt«. Zugegebenermaßen ist die Porzellanpuppe für die heutigen Ansprüche keine Spielpuppe mehr, da eine unachtsame Bewegung mit ihr sehr leicht großen Schaden anrichten kann. Aber als Sammelpuppe oder Dekoration in privaten Haushalten, in Hotels, Geschäften usw. ist die Porzellanpuppe eine wahre Königin unter den Puppen. Auf dem Sammlermarkt gilt eine ausdrucksstarke namhafte Künstlerpuppe heute sogar als Wertanlage.

Durch die richtige Modellierung, die typgerechte Komposition, auch von Kleidung und Bemalung, kann man dem Material Porzellan jegliche Kälte nehmen, ja eine richtige Schmusepuppe fertigen, die in sehnsüchtige Kinderaugen besonderen Glanz zu zaubern vermag, aber auch uns Erwachsenen eine Welt voll wunderbarer, fast schon in Vergessenheit geratener Geschichten unserer Kinderzeit wieder nahe bringt – und uns zumindest ein wenig unserer hektischen, entpersönlichten Welt entrückt, in der der kalte, ja sogar eiskalte Zeitgeist bereits seinen festen Platz hat. Und es ist doch so schön, sich von den Kleinen der Welt in ihrer Begeisterung »mitreißen« zu lassen! Es ist nur zu verständlich, daß auch einige Erwachsene Stunden in Betrachtung der Puppen zubringen und die Geschichten der Kleinen weiterdenken. Manchmal wird mir diese Geschichte dann erzählt, und in den meisten Fällen stimmt sie mit der von mir erdachten Geschichte überein, als ich diese bestimmte Puppe modellierte. Bei solchen Anlässen überkommt mich eine innere, nicht zu beschreibende Freude.

Das war auch mein Ziel, als ich vor ca. 13 Jahren anfing, Puppen zu kreieren, etwas »Wärme in die kalte Zeit zu bringen«. Mein Wunsch war es, nicht einfach eine Puppe zu machen, denn diese gibt es bekanntlich überall. Vielmehr wollte ich momentane Stimmungen, Taten und Launen der porträtierten Kinder festhalten. Jede einzelne meiner Puppen sollte eine Seele haben und diese nach außen sichtbar machen, damit ihr Betrachter sofort deren Stimmungen und Launen wahrnimmt und somit ihre Geschichte »weiterdenken« kann.

Deshalb ist es auch so wichtig, daß Körperhaltung, Bein- und Armstellung, ja sogar die Blickrichtung der Augen absolut dem Charakter der jeweiligen Puppe entsprechen. Hier kommt es auch darauf an, daß die Kleidung nicht stiefmütterlich behandelt wird. Auch diese muß bis ins Detail stimmen. Charakter, Haltung, Kleidung und Dekoration sollten immer in voller Harmonie sein.

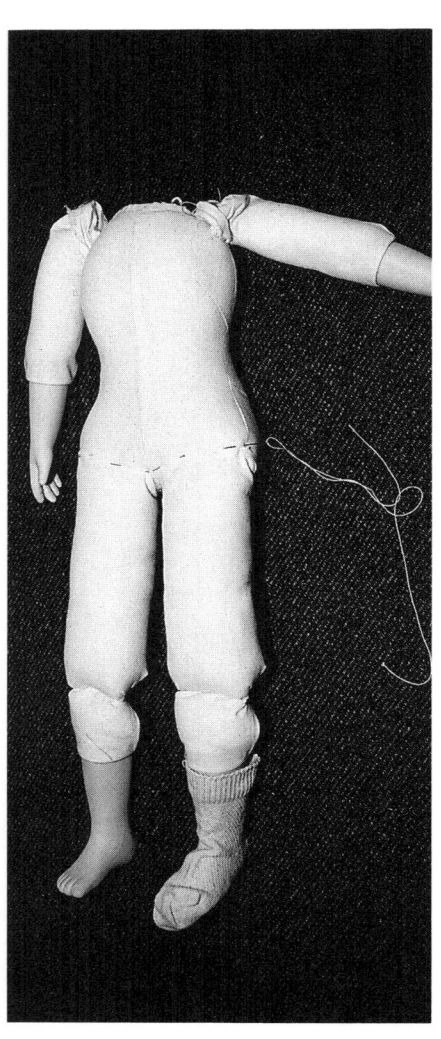

Wie schon die einzelne Puppe Denken, Fühlen und Handeln ihrer Schöpferin widerspiegeln sollte, gilt dieser Grundsatz in weitaus höherem Maße für die Gestaltung von Puppengruppen. Es macht mir hier besonderen Spaß, ganze Szenarien mit Puppenkindern unter einem speziellen Motto, einer Handlung, einer Geschichte und mit der passenden Dekoration zusammenzustellen.

Ideen zu diesen Kreationen suche ich mir auf der Straße. Oft finden sich aber auch eigene Stimmungen und Launen in meinen Puppen wieder. So gab es anfangs Puppen, die eine sehr lange Zeit traurig waren, worauf dann lachende, glückliche Kinder »geboren« wurden, die zum ersten Mal mit meinen so bekannten »Berliner Kindern« an die Öffentlichkeit traten. Diesen folgten »Meine kleinen Strolche«. Beide Gruppen wurden Eurodoll-Publikumsgewinner (1990/1991). Man kann sagen, daß 13 Jahre Übung zu diesem Erfolg geführt haben.

In diesem Buch möchte ich dem Laien wie dem Fortgeschrittenen beim Modellieren einer romantischen Puppe aus edlem Porzellan Schritt für Schritt die *grundsätzliche Vorgehensweise* nahebringen.

Die mit vielen Fotos dokumentierten Arbeitsfolgen geben in leicht verständlicher Form alle nötigen Tips und viele weitere Anregungen. Natürlich müssen Sie außer Begeisterung auch viel Fleiß mitbringen. Und bitte sagen Sie nicht: »Das kann ich nicht!« Manch einer stellte erst im Schaffen fest, welch schlummernde Talente bislang ungenutzt in ihm ruhten. Dem Fortgeschrittenen sei gesagt, daß bekanntlich erst Übung den wahren Meister macht und eine gehörige Portion Selbstkritik Gesetz sein muß. Die dann fertiggestellte Puppe wird es Ihnen durch die Kraft ihrer Aussage danken.

Dabei bin ich davon ausgegangen, daß Sie ein Puppenkünstler und kein Puppenmacher werden wollen. Ein Kunstsachverständiger, Walter Kuhn, dazu: »Kunst ist ein in der heutigen Zeit sehr strapazierter Begriff. Da Kunst den Zeitgeist widerspiegelt und Wärme, Geborgenheit, Gemütlichkeit und Schönheitssinn noch nicht ganz aus unserem Zusammenleben gedrängt wurden, dürfen in meiner Privatsammlung zeitgenössischer Kunst die charaktervollen

und aussagekräftigen Künstlerpuppen von Ute Kase-Lepp nicht fehlen. Bei jedem einzelnen Stück erkennt man … die hohe künstlerische Qualität. So kunstvoll modellierte Porzellan-Puppen … sind in meinen Augen gleichwertige Kunstwerke wie Skulpturen, Druckgrafik oder Gemälde.« Ein Künstler wird seine Fehler erkennen und mit viel Fleiß und Übung ein Ziel anstreben. Lassen Sie sich von Momenten, in denen Sie glauben, daß Sie es nicht schaffen, nicht entmutigen. Sie werden überrascht sein, wieviel Kräfte Sie aus dieser Ruhe schöpfen können.

Pausen sind auch immer wichtig, um sein Werk noch objektiv beurteilen zu können. Dazu muß man das Entstehende immer wieder von allen Seiten neu (an)sehen und ruhig auch einmal ein oder zwei Nächte darüber schlafen. Ich betone immer, daß eine völlig natürlich wirkende Puppe nur entstehen wird, wenn deren wesentliche Charakterzüge völlig klar erkennbar sind.

Wenn Sie ein Motiv suchen, finden Sie es sicherlich auf der Straße, im Kindergarten, in der Schule, auf einem Foto. Manchmal ist das Motiv auch in uns. Führen Sie Ihre Beobachtungen nicht nur durch, bevor Sie anfangen zu modellieren, sondern auch während der Modellierzeit. Die Technik kann ich Ihnen wohl vermitteln, allein die Ausdrucksfindung durch genaues Hinsehen und Üben, Üben, Üben liegt nur bei Ihnen. Es steht Ihnen selbstverständlich frei, Ihre Puppe so zu arbeiten, wie Sie möchten. Wenn Sie aber eine realitätsnahe Puppe modellieren wollen und keine Karikatur, dann ist noch mehr Üben ein unbedingtes Muß. Der Künstler sind Sie, in der Schöpfung liegt die Kunst. Im Laufe des Fortgangs Ihrer Arbeit werden Sie merken, daß mein Buchthema weder allein die Technik noch ein kaltes Material ist, sondern ein Anliegen, in dem man Liebe und sein ganz persönliches Fühlen und Denken zum Ausdruck bringen kann. Die fertige Puppe erscheint plötzlich wie ein kleines, lebendiges Wesen, und das mit Recht, haben Sie doch Ihre Seele hineingelegt. Je mehr Liebe, Fleiß und Ausdauer Sie dieser Arbeit widmen, desto vollkommener wird Ihr kleines Geschöpf sein. Und nun viel Spaß bei der Arbeit!

Ute Kase-Lepp, Gifhorn

ZUM MODELLIEREN DES PUPPENKOPFES, DER HÄNDE UND FÜSSE

Benötigtes Werkzeug und Material (s. Abb. 10)

– Drehscheibe
– Holzbrett als Unterlage
– Plastilin
– Modellierstäbe aus Holz, teils mit Kugel
– Lineal
– Messer und Skalpell
– Zahnstocher
– und natürlich Skizzen und Fotovorlagen

10 Benötigtes Werkzeug, wie oben angegeben, von rechts nach links.

11 Frontal- und Profilansicht eines etwa einjährigen Kindes.

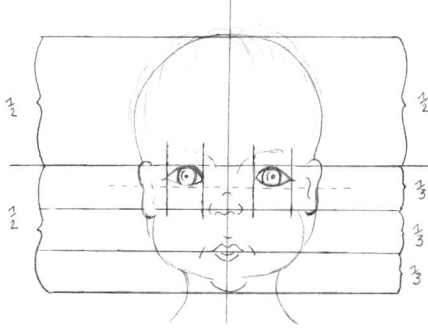

Wenn man eine realistische Puppe modellieren möchte, ist selbstverständlich die Beachtung der Anatomie des menschlichen Körpers die eigentliche Grundvoraussetzung. Oft sieht man bei Puppen zu große Köpfe auf viel zu kleinen Körpern oder zu dicke Arme und Beine beziehungsweise Hände und Füße an Puppen, deren Gesichter denen fünf- bis zehnjähriger Kinder entsprechen. Hier kann ich nur immer wieder raten: Schauen Sie sich Babys, kleine Kinder, ältere Kinder und Erwachsene genau an und ganz speziell deren Gesichter.

Die hierzu vorgestellten Zeichnungen mögen Ihnen eine kleine Hilfe dabei sein (Abb. 11–13).

Denken Sie auch daran, daß der Kopf nicht die ganze Puppe ausmacht. Hände und Füße sowie der Körper gehören dazu. Betrachtet man den wachsenden Körper des Menschen proportional, wird der Kopf im Verhältnis immer kleiner, Arme und Beine allerdings immer länger.

Dies belegen die folgenden Zeichnungen sehr anschaulich (Abb. 14, 15).

12 Frontal- und Profilansicht eines Erwachsenen.

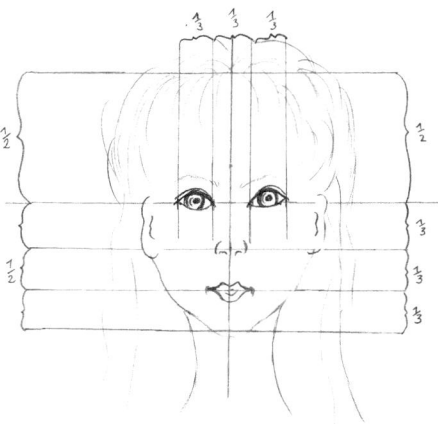

Wesentliche Merkmale:
– Der Kopf ist rund
– der Hals ist kurz
– die Ohren sind groß
– die Augen liegen unter der Mittellinie und außerdem weit auseinander
– die Nasenwurzel ist nur angedeutet
– das Gesicht weist viele starke Rundungen (Fettpolster) auf

Wesentliche Merkmale:
– Der Kopf ist länglich
– der Hals ist lang
– die Ohren sind im Verhältnis kleiner
– die Augen liegen oberhalb der Mittellinie und sind näher beisammen
– die Nase ist länger
– das Gesicht ist schmaler und flächiger

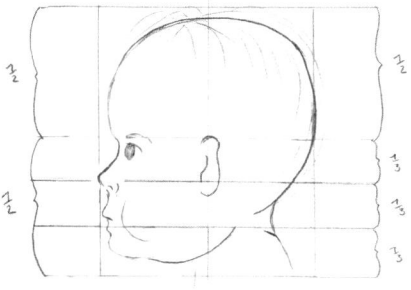

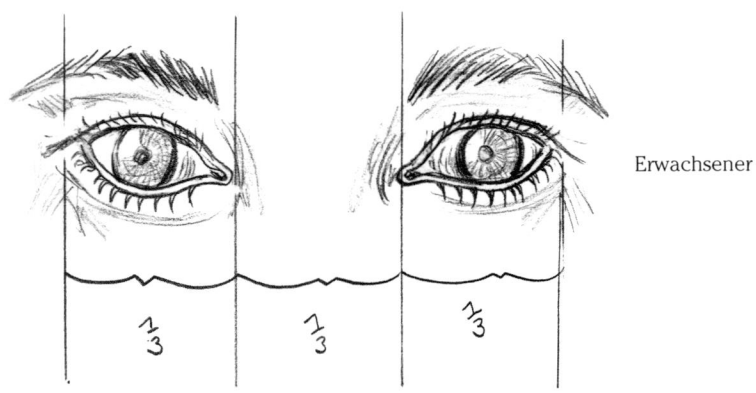

Erwachsener

Der Abstand der Augen

$\frac{1}{3}$ $\frac{1}{3}$ $\frac{1}{3}$

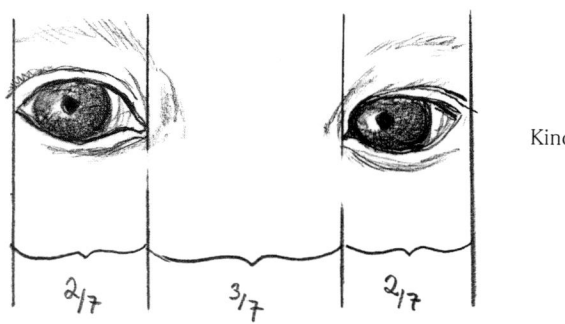

Kind

$\frac{2}{7}$ $\frac{3}{7}$ $\frac{2}{7}$

13 Unterschiedliche Verhältnismäßigkeiten beim Abstand der Augen zwischen Kleinkind und Erwachsenem.

14 Proportionen und Entwicklung des Menschen. Während des Wachstums wird der Kopf im Verhältnis immer kleiner, dafür die Arme und Beine immer länger.

15 Proportionen und Entwicklung des Menschen. Diese Grafik zeigt die Proportionen noch anschaulicher. ▷

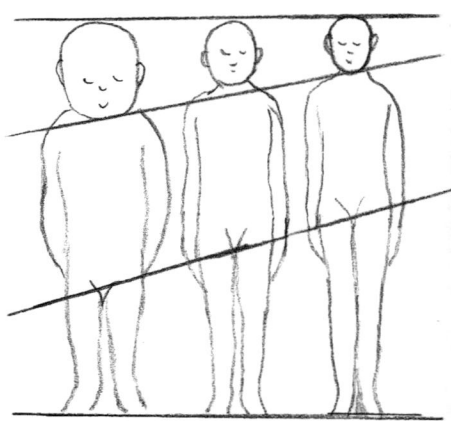

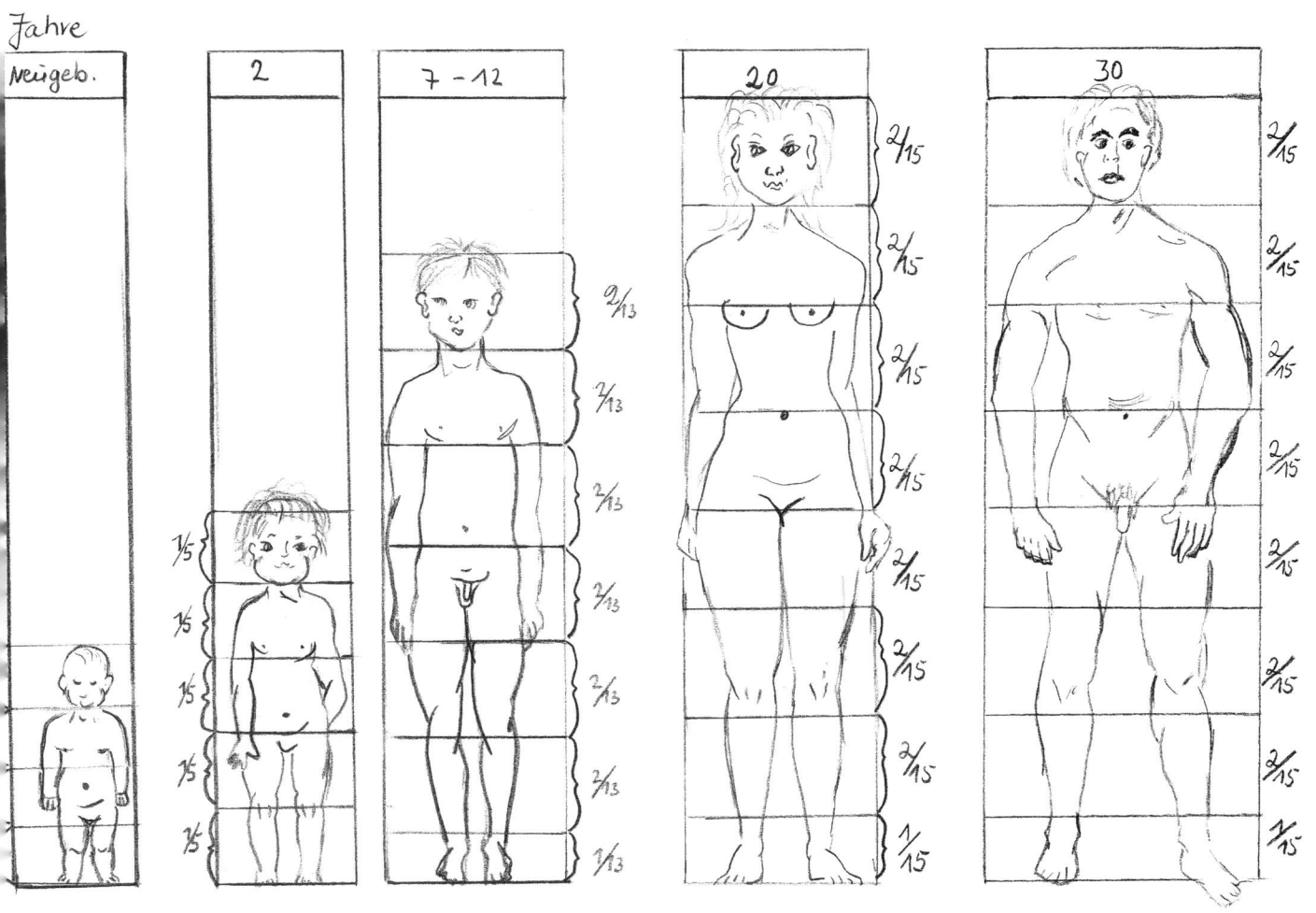

Jahre

| Neugeb. | 2 | 7 – 12 | 20 | 30 |

Arten von Puppenköpfen

Es gibt ganz verschiedene Arten von Puppenköpfen (s. Abb. 16): Der Ringkopfhals (zum Einbinden in den Körper) ist dadurch charakterisiert, daß er sich am Hals drehen läßt. Sie haben das sicher schon oft bei industriell gefertigten Puppen gesehen. Der Kurbelkopfhals dagegen läßt sich in alle Richtungen bewegen. Wenn Sie einen solchen fertigen wollen, benötigen Sie für die Puppe noch zusätzlich eine Brustplatte. Die Büste allerdings ist feststehend, und mit der Herstellung einer solchen wollen wir uns im folgenden befassen.

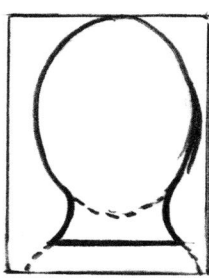

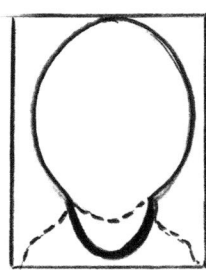

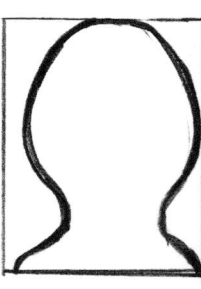

Ringkopf

Kurbelkopf

Büste

16 Dies sind die gängigen, im Handel befindlichen Arten des Puppenkopfes.

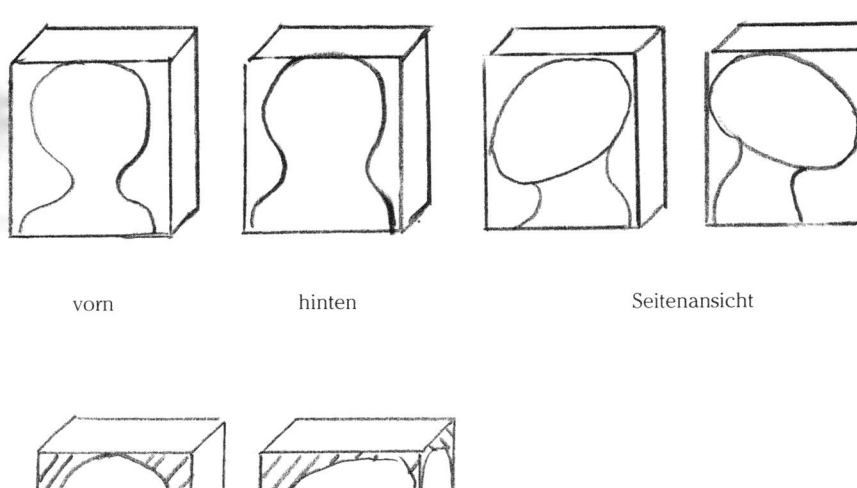

vorn   hinten   Seitenansicht

mit dem
Messer
entfernen

17 Verschiedene Ansichten auf dem Plastilinblock vorgezeichneter Modellköpfe.

Das Modellieren des Büstenkopfes einer romantischen Puppe

1 Bevor Sie beginnen, sollten Sie folgende grundlegende Punkte immer berücksichtigen:
– Ihr Modell (sprich der zu modellierende Puppenkopf) sollte auf Augenhöhe stehen.
– Zunächst arbeiten Sie grob vor. Erst ganz am Schluß wird fein ausgearbeitet.
– Außerdem sollten Sie ständig die Proportionen kontrollieren, indem Sie sie von allen Seiten messen und auch an allen Seiten gleichzeitig arbeiten.
– Bemühen Sie sich schon beim ersten Formen, den *Ausdruck* Ihres Vorbildes zu erreichen, denn bereits die runden oder länglichen Formen im Baby- oder Kindergesicht sind entscheidend dafür, nicht erst später das Malen der Augen oder des Mundes.

2 Nun aber wenden wir uns wirklich dem praktischen Gestalten zu. Wir nehmen einen etwa 20 cm langen und breiten und 30 cm hohen Block Plastilin, wie es ihn in vielen Bastelgeschäften zu kaufen gibt, und stellen ihn hochrechteckig auf ein Holzbrett als Unterlage. Wir geben uns nun die Umrisse des Puppenkopfes vor, indem wir sie mit einem Holzstäbchen »aufzeichnen« (s. Abb. 18 bis 21). Das überstehende Plastilin wird dann mit dem Messer entfernt (s. Abb. 17). Die Rundungen des Kopfes werden mit den Händen geglättet.

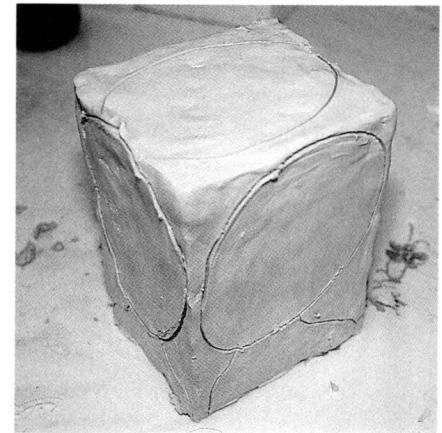

18 Auf dem Plastilinblock sind die grob angezeichneten Umrisse klar zu erkennen.

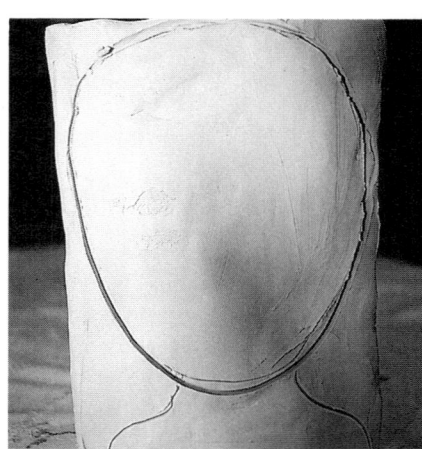

19 Der Kopf wird einmal von vorne,

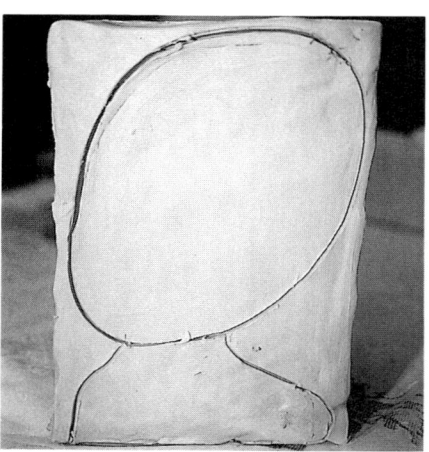

20 von der Seite,

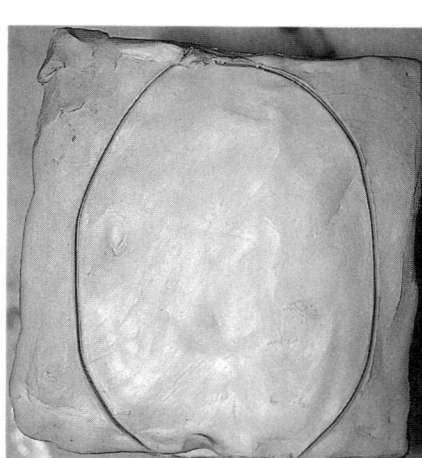

21 und auch oben angezeichnet.

22 Mit Faden und Zahnstochern werden jeweils die Mittellinien bestimmt und markiert.

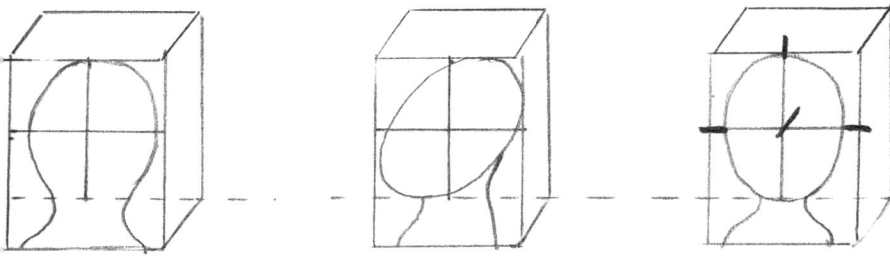

3 Nun messen wir uns den Mittelpunkt des Modells (gerechnet ab dem Kopf ohne Hals) in der Höhe, Breite und Tiefe (= an den Seiten) aus und markieren dies auf dem Kopf mit Strichen des Modellierstäbchens (Lineal und Faden benutzen, s. Abb. 22). Die Kreuzungspunkte markieren wir mit Zahnstochern (s. Abb. 22–24).

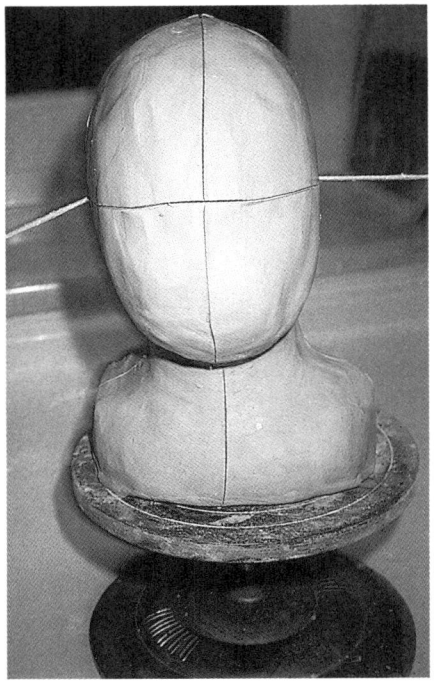

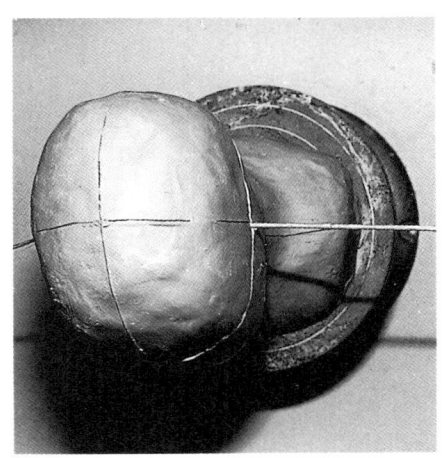

23, 24 Die Fotos veranschaulichen die praktische Ausführung am Kopf selbst.

25 Die Lage der Au-
genhöhlen wird pro-
portional nach der
Zeichnung bestimmt,

4 Drücken Sie nun die Augenhöhlen mit dem Daumen ein, achten aber darauf, daß der Platz für das Augen-Oberlid *unterhalb* der Mittellinie liegt (s. Abb. 25, 26).

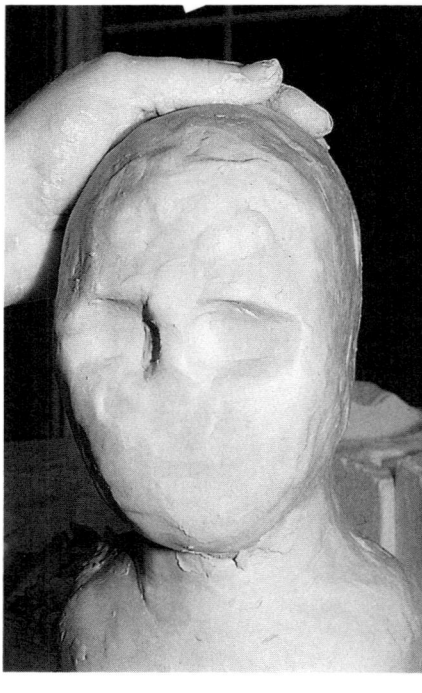

27 Die Nasenpyrami-
de in der Zeichnung.

5 Jetzt ist Ihre Feinfühligkeit gefordert! Formen Sie aus Plastilin eine Pyramide für die Nase, die ungefähr so hoch sein sollte wie 1/3 der Höhe von der Mittellinie bis zur unteren Kopfbegrenzung (s. Abb. 27), also ca. 2,5 bis 3 cm. Die Breite der Nasenpyramide sollte unten und in der Mitte 1,5 bis 2 cm sein.

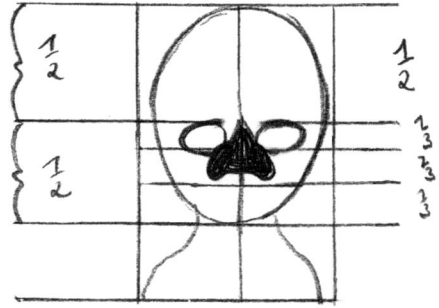

28 Die Nasenpyramide wird nun angesetzt, die Nasenrollen angefügt, desgleichen die Kügelchen (vgl. auch Abb. 30, 31).

29 Nasenpyramide ca. 2,5–3 cm. Nasenrollen ca. 2 cm lang.

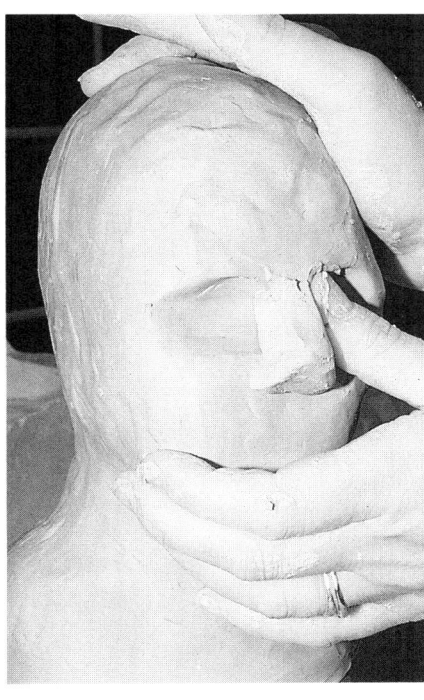

ca. 1,3–1,5 cm

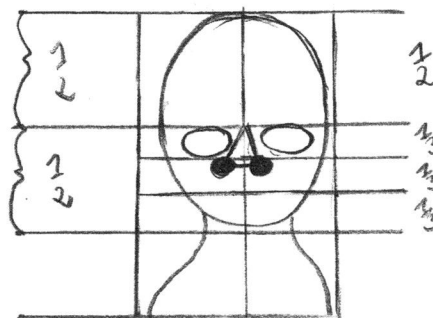

6 Drücken Sie nun diese »Pyramide« auf das Modell (Abb. 28). Formen Sie ein Plastilinröllchen mit etwa 2 cm Länge, halbieren Sie dieses und drücken Sie die Hälften rechts und links von der Nase (Pyramide) auf das Modell. Nun formen Sie noch zwei Kügelchen als Nasenflügel (Durchmesser 1,3 bis 1,5 cm) und setzen Sie diese beidseitig auf (s. Abb. 30, 31).

30 Die Kügelchen der Nasenflügel haben etwa 1,3 bis 1,5 cm Durchmesser.

7 Die Nase wird nun ausmodelliert.

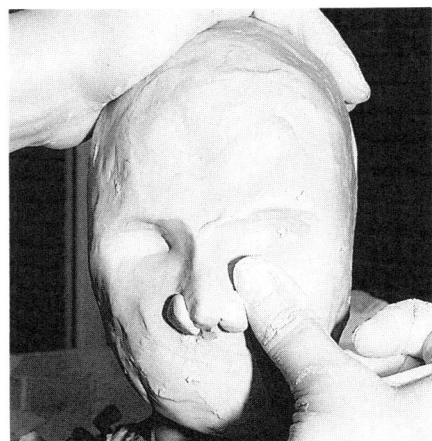

31 Beim Ausmodellieren. Mit viel Geschick entsteht eine hübsche kleine Nase.

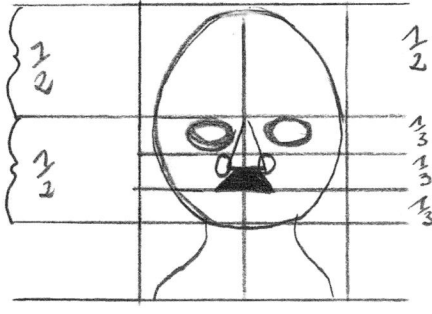

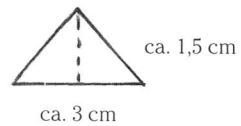

ca. 1,5 cm

ca. 3 cm

8 Formen Sie danach erneut eine Pyramide, kürzer und breiter als die erste, und setzen Sie sie direkt unter die Nase. Sie fragen sich, wozu denn das? Wenn Sie Babys oder Kleinkinder aufmerksam ansehen, bemerken Sie sicher gleich, daß bei ihnen meist die Partie zwischen Oberlippe und Nase viel ausgeprägter ist als bei Erwachsenen und dem süßen Schmollmündchen erst den ganz besonderen Reiz verleiht. Und das wollen Sie ja bei Ihrem Puppenkind vor allem erreichen, nicht wahr? Siehe dazu auch die Abbildung 33. Selbstverständlich gilt dies auch bei Erwachsenen. Wieviel Plastilin man dafür nimmt, hängt beim Kind und beim Erwachsenen vom jeweiligen Gesichtsausdruck ab. An diesen Feinheiten erkennt man den Charakter des Gesichts bzw. der Puppe.

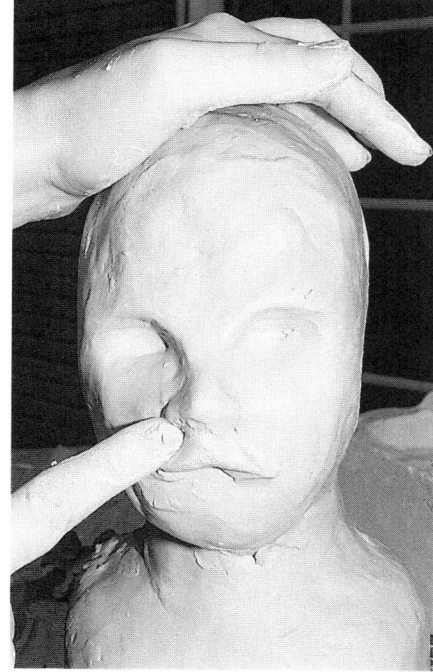

33 Unterhalb der Nase wird eine weitere kleine Pyramide aufgesetzt und ausmodelliert.

9 Die zarten Einkerbungen erreichen Sie durch Modellieren mit dem Modellierstab. Aber denken Sie daran, die Feinarbeiten werden erst am Schluß gemacht.

34 Der Mundbereich.

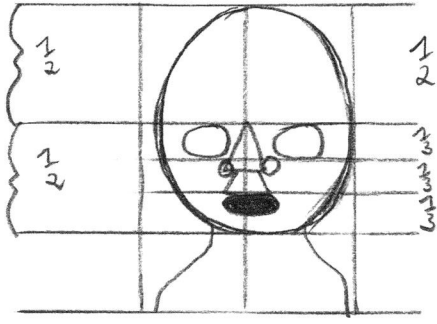

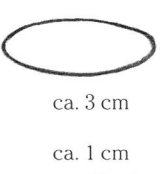

ca. 3 cm

ca. 1 cm

10 Für den Mund wird eine kleine Rolle geformt und wieder darunter gesetzt. Beachten Sie, daß Sie sich immer an die Proportionen der vorgegebenen Zeichnungen halten (s. Abb. 34). Wie der Mund mit den Fingern geformt wird, zeigt das Foto 35.

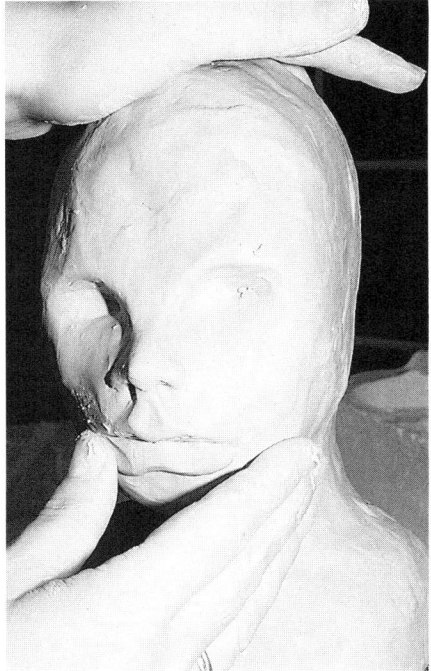

35 Die Lippen werden geformt. Langsam nimmt Ina Konturen an.

11 Natürlich ist es mit Nase und
Mund nicht getan; es wollen auch
die zart-runden Babywangen und ein
neckisches Kinn geformt sein. Also
erst eine nicht zu große Plastilinku-
gel rollen, halbieren und auf beiden
Seiten unterhalb des letzten Drittel-
striches (s. Zeichnung 36) aufsetzen.
Noch eine Kugel formen, halbieren
und knapp darüber, oberhalb der
Drittelteilung, aufsetzen. Ein Kügelchen als Kinn aufsetzen und alle
»Erhebungen« ausmodellieren
(s. Abb. 37 und 38).

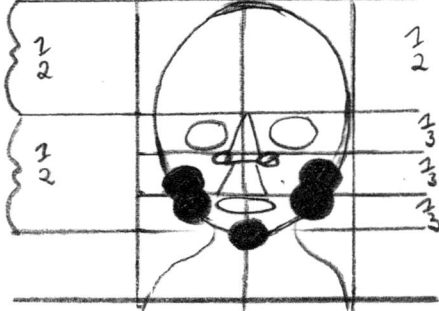

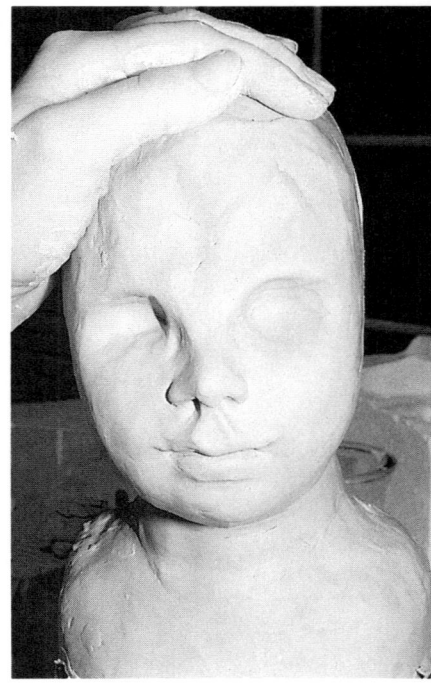

dem Kopf entsprechend
beliebige Größe

37, 38 Die aufgesetz-
ten Wangen- und
Kinnkugeln werden
mit viel Gefühl zu
ausdrucksvollen
Flächen verstrichen.

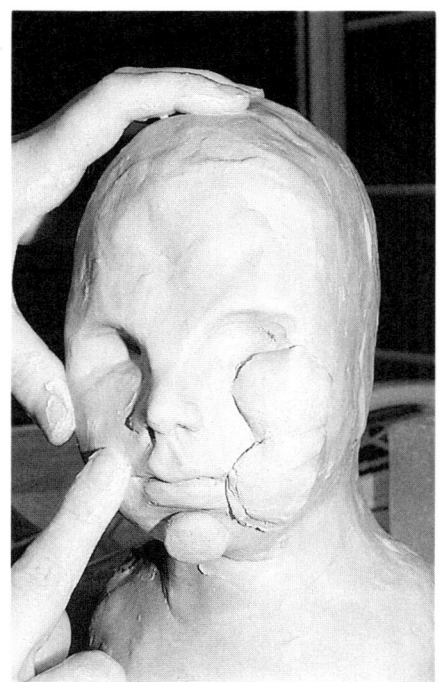

39 Das Einsetzen der Augäpfel, Plastilin.

40 Auch die Augäpfel werden noch modelliert.

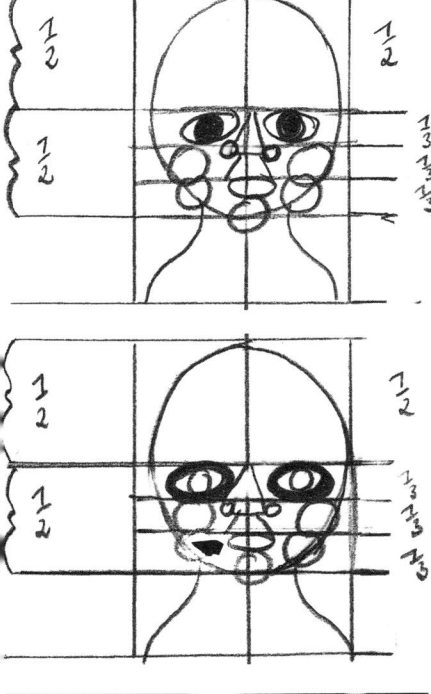

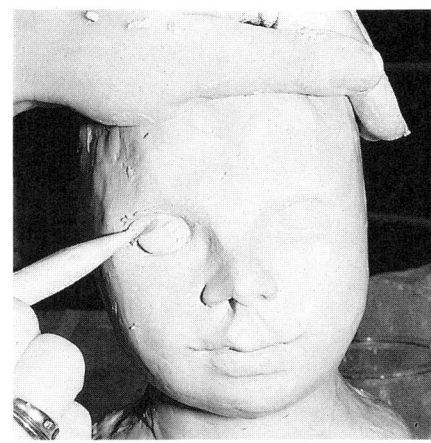

12 Nun werden zwei weitere, ganz kleine Kugeln geformt (die Maße oder Durchmesser sind jeweils bei den Zeichnungen angegeben) und als Augäpfel in die Augenhöhlen gesetzt (s. Abb. 39 und 40).

ca. 1,5 cm

41–43 Das Umlegen der Augen mit einer ganz schmalen Plastilinrolle. Wichtig ist ein gutes Andrücken (Abb. 43).

13 Um die Augen wird eine kleine, dünne Rolle gelegt und modelliert (s. Abb.41–43).

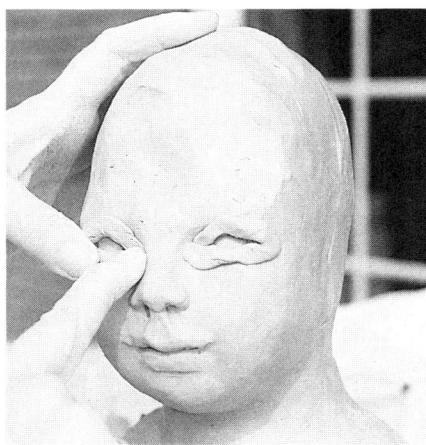

ca. 0,8 cm

14 Eine dickere Rolle wird auf die Stirn aufgelegt und mit den Händen geformt (s. Abb. 44 und 45).

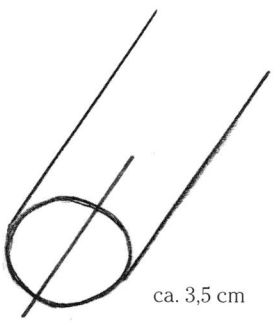

ca. 3,5 cm

15 Zwei bohnenförmige Plastilinstücke von ca. 4 cm Länge werden als Ohren an der Seite des Kopfes angesetzt (Abb. 46, 47). Wenn Sie ein Baby oder Kleinkind modellieren, achten Sie darauf, daß die Oberkante des Ohres ungefähr an die Mittellinie stößt, während sie beim Erwachsenen über diese hinausragt. Betrachtet man den Kopf im Profil, ist es auch wichtig, daß die Ohren bei Kindern etwa auf der senkrechten Mittellinie und bei Erwachsenen etwas hinter der senkrechten Mittellinie angebracht werden (s. auch die Kopfzeichnung im Profil, Abb. 11 und 12 unten).

44, 45 Eine dickere Rolle Plastilin wird zu einer schwungvollen Stirn geformt.

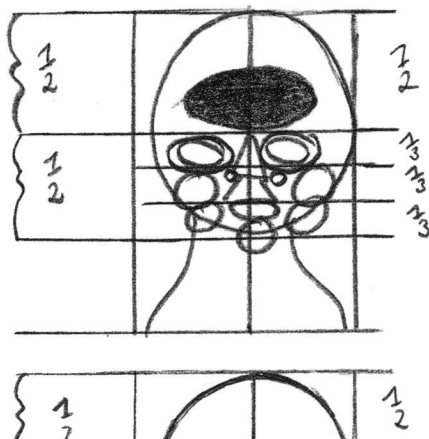

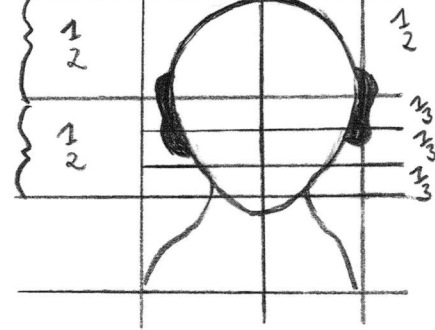

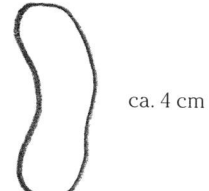

ca. 4 cm

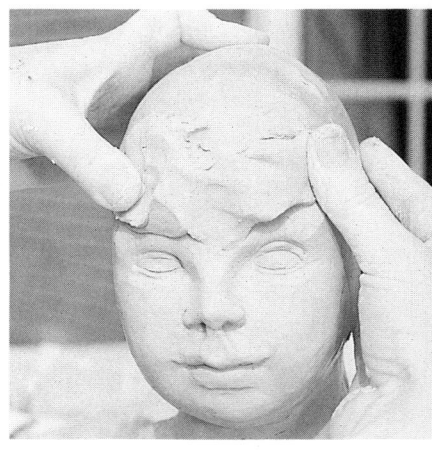

46, 47 Die Ohren werden geformt und angesetzt. Achten Sie auf die richtigen Proportionen!

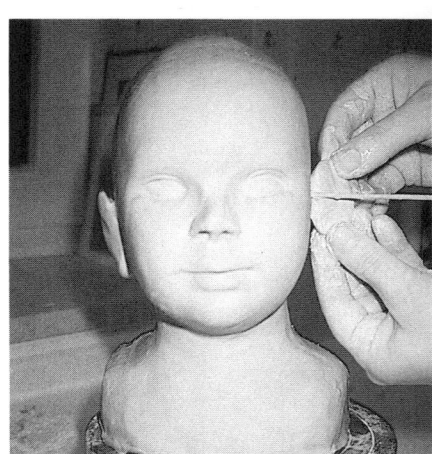

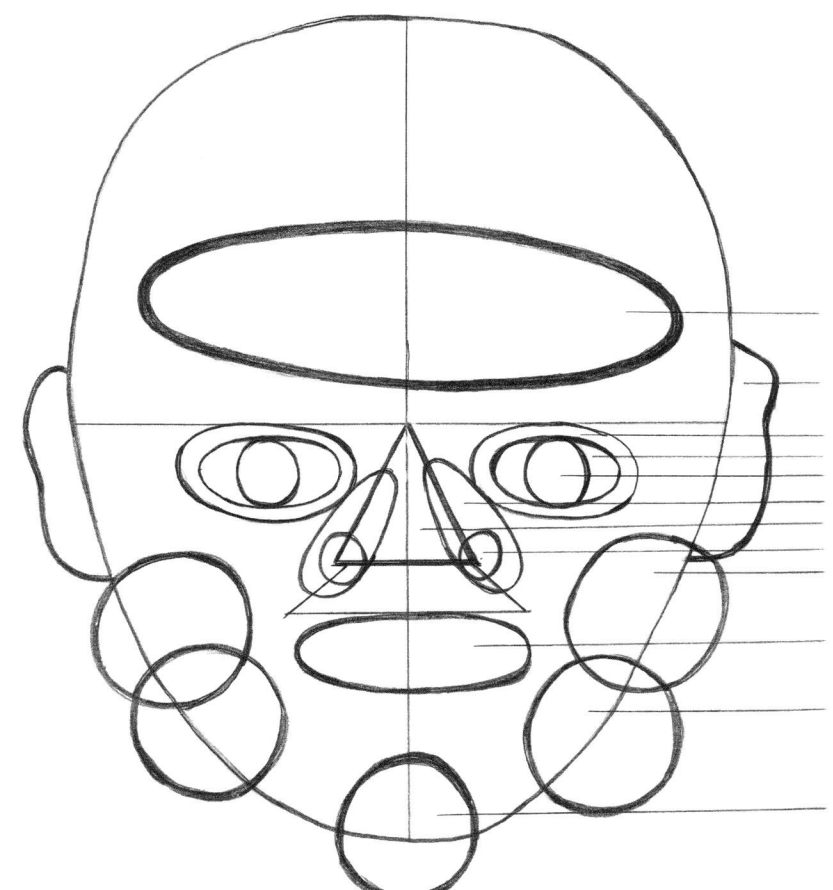

Stirnrolle

Ohren

Augenrolle
Augenhöhle
Augenkugel
Nasenrolle
Nasenpyramide
Nasenkugel
Wangenkugel

Mundrolle

Wangenkugel

Kinnkugel

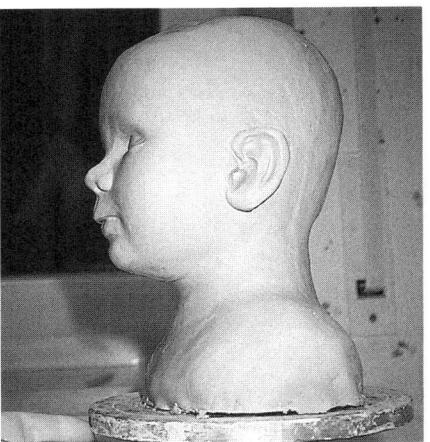

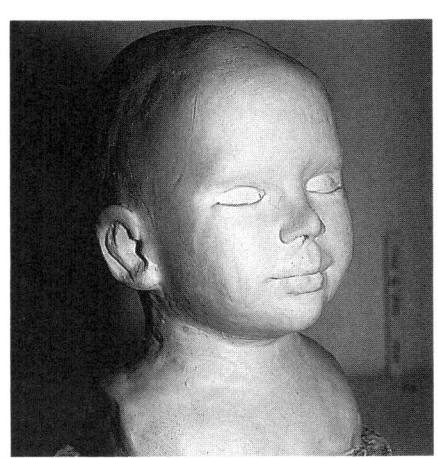

49, 50 Der richtige Sitz der Ohren ist auch im Profil und im Halbprofil zu kontrol- lieren.

Ein geformtes Ohr veranschaulicht Ihnen die Zeichnung 51; ebenso geben die Skizzen 52 und 53 alle möglichen Varianten von Kindermündern und -nasen wieder, wo Sie schon beim Modellieren den späteren, völlig individuellen Charakter Ihres Puppenkindes anlegen können.

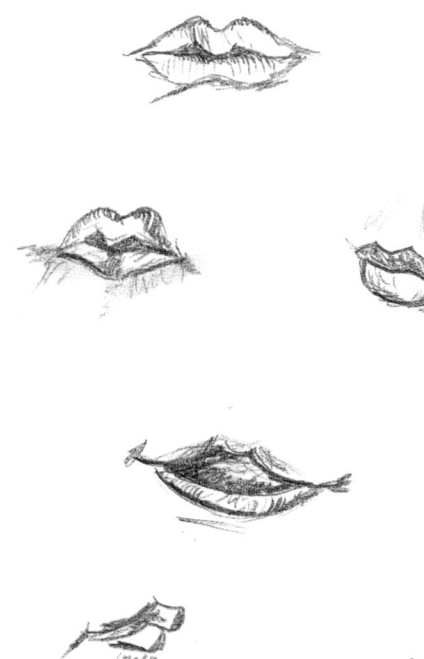

51 Das Ohr.

52 Der Mund.

53 Verschiedene Beispiele von Kindernasen und -mündern.

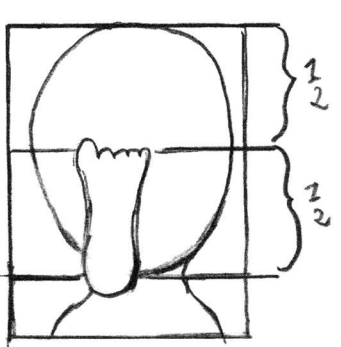

54, 55 Die Proportion des Fußes und seine Anatomie.

Das Modellieren der Füße

Die Puppenfüße werden, wie auch die Hände, gleichfalls aus einem Block Plastilin geformt.

Die hier vorgestellten Zeichnungen (Abb. 54, 55) sollten Sie ein wenig mit der Anatomie des Fußes vertraut machen.

Wichtig ist für die Proportionsfindung, sich die Zeichnung 54 anzusehen: Die Länge des Fußes sollte also etwas mehr als die halbe Gesichtshöhe betragen, und die anderen Maße (Fußbreite, Spannhöhe) sollten sich hier harmonisch anpassen. Beim Modellieren, wiederum aus einem Block Plastilin, gehen Sie Schritt für Schritt mit der gleichen Technik vor, die Sie auch beim Kopf angewandt haben: Erst die groben Umrisse des Fußes, später die Feinheiten wie Waden, Knöchel, Spann (auch unter der Fußsohle die »Erhebungen« des Fußbettes nicht vergessen!). Bei den Zehen nehmen Sie wieder Modellierstäbchen zu Hilfe und denken Sie auch an die Ausformung der Fußnägel! Die Länge des Schienbeins können Sie selbst bestimmen. Das hängt natürlich immer auch mit der von Ihnen vorgesehenen Beinkleidung, ob Rock oder Hose, zusammen.

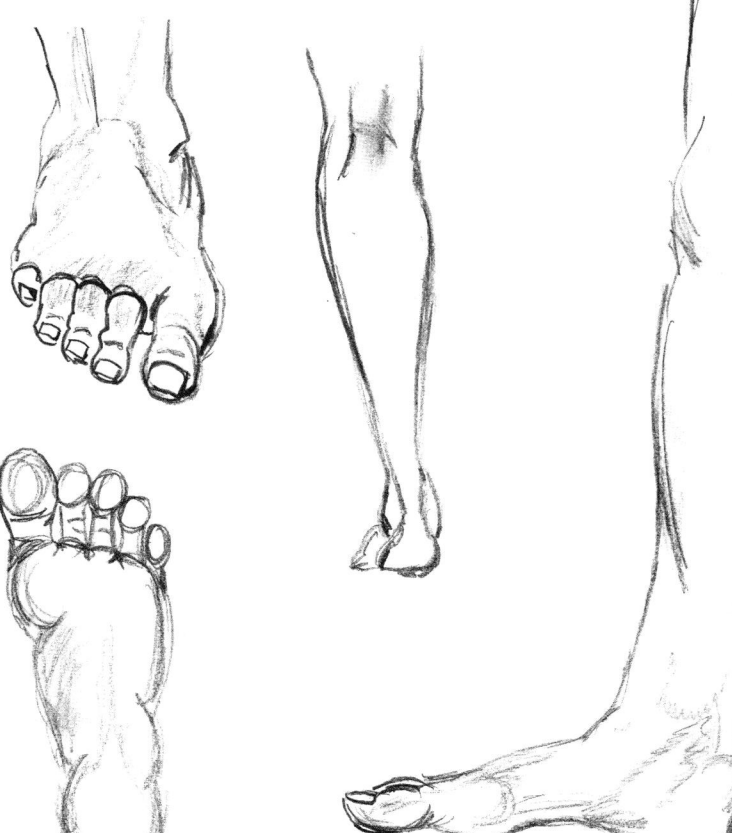

Das Modellieren der Hände

Ebenso bauen Sie die Hände aus der Plastilinmasse auf. Die Zeichnungen 56 und 57 zeigen wiederum die Anatomie und die Längenverhältnisse im Vergleich zum Gesicht.

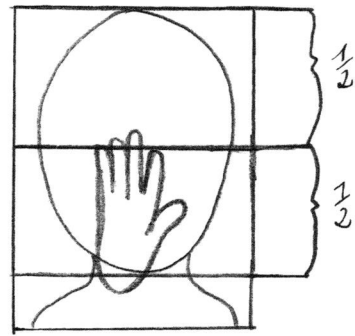

56, 57 Die Proportion der Hand und ihre Anatomie.

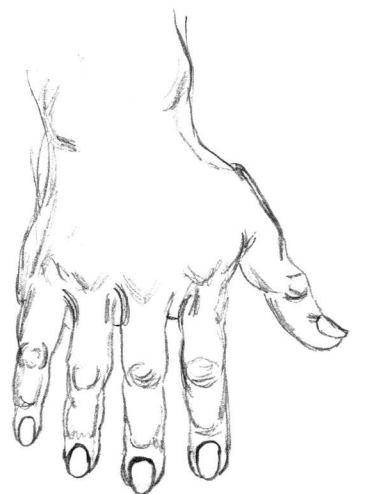

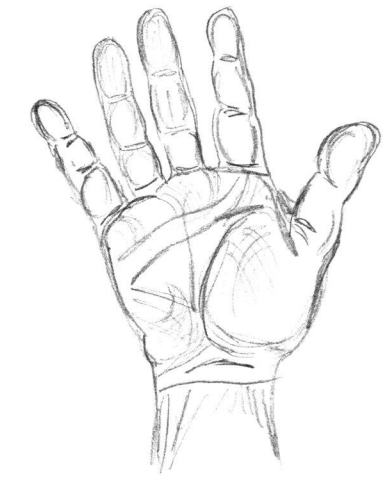

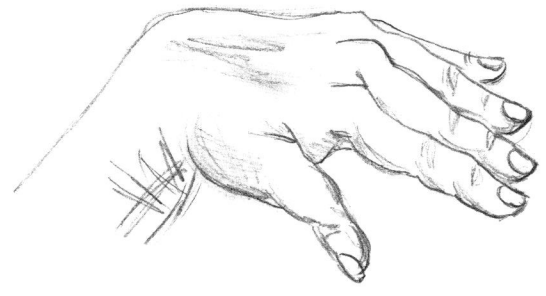

ZUM FORMENBAU UND ZUM EINBETTEN DES KOPFES

Benötigtes Werkzeug und Material

– Fünf beschichtete Spanholzplatten (abhängig von der Größe des Modells); in unserem Fall:
2 Platten 30 x 20 cm
2 Platten 22 x 22 cm
1 Platte 22 x 30 cm
Dicke ca. 15 mm
– Winkeleisen
– kleine Holzkugel Ø 2 bis 3 cm
– Holzstäbchen

Der Formenbau

Bevor Sie überhaupt damit anfangen, seien Sie sich zunächst einmal der Tatsache bewußt, daß Sie sich mit dem Entschluß, *eine Gipsform selbst herzustellen*, vom breiten Feld der übrigen Puppenhersteller von Anfang an absetzen. Darin unterscheidet sich eben die Künstlerpuppe völlig von jeder Reproduktion, von der handwerklich oder industriell hergestellten Puppe: daß Sie nämlich ein eigenes Modell (eine eigene Form) herstellen, die nur Sie besitzen, und die nirgends käuflich zu erwerben ist. Auf diese Tatsache

dürfen Sie ruhig stolz sein! Also hüten Sie die Form, sie ist der Nachweis Ihrer Urheberschaft.
Zum Zusammenbau der beschichteten Spanplatten ist eigentlich nur zu sagen, daß das eingebettete Modell (s. Seite 31) direkt mit den vier anderen Platten umlegt werden muß.
Mit einer Schnur – oder einfacher, mit einem oder besser zwei breiten Gummibändern – wird das Ganze gehalten.

58 Durch falsches Einbetten des Kopfes entstehen Hinterschnitte. Rechts ist es richtig gemacht.

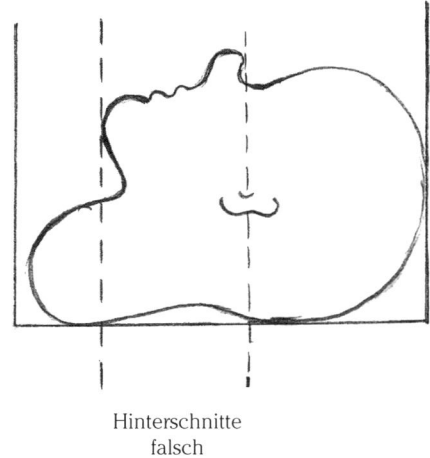

Hinterschnitte
falsch

richtig

Das Anzeichnen der Einbettungs- bzw. Gußlinie

Bevor der Kopf in eine auf das Auflagebrett aufzubringende Plastilinmasse eingebettet werden kann, müssen zur Bestimmung einer sogenannten Nahtlinie (Gußnaht) bestimmte Punkte an den Kopfseiten angezeichnet werden.

Da das Puppengesicht weder oben, noch unten seitlich flach ist, vielmehr wohl gerundet, muß sich die Naht jeweils am höchsten oder besser noch am äußersten Punkt der Gesichtsseite befinden. Warum? Es ist vor dem Gießen unbedingt darauf zu achten, daß jegliche Hinterschnitte bzw. Hinterschneidungen absolut zu vermeiden sind. Ist Ihnen das einmal passiert, müssen Sie erleben, daß sich Ihr Modell nur noch mit Gewalt aus der Form nehmen läßt; außerdem wird es sehr leicht dabei beschädigt. Dies soll auch in der hier gezeigten Skizze (s. Abb. 58) mit der etwas übertrieben dargestellten Nasenform verdeutlicht werden: Die Hinterschnitte (unter und hinter dem Ohr, hinter dem Kiefer) sind auszugleichen, indem die Gußnaht entlang dem höchsten Punkt verläuft (s. Abb. 61).

falsch   richtig

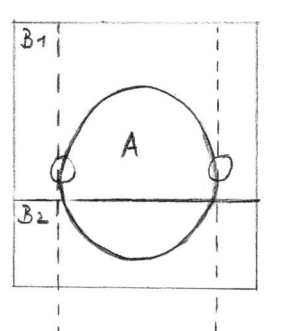 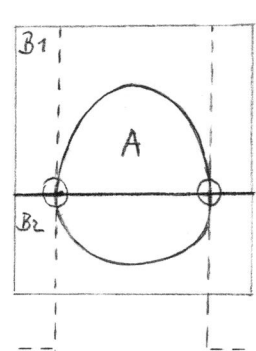

59 Falsch (links): Das gegossene Teil A bleibt aufgrund eines Hinterschnitts im Formenteil B_1 verklemmt. Richtig (rechts): Das gegossene Teil A läßt sich aus beiden Formenteilen B_1 und B_2 ohne Mühe entfernen.

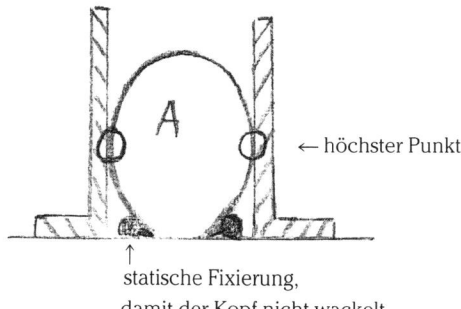

← höchster Punkt

↑
statische Fixierung, damit der Kopf nicht wackelt

60, 62 Mit dem Winkeleisen werden die höchsten Punkte rund um den Kopf ermittelt.

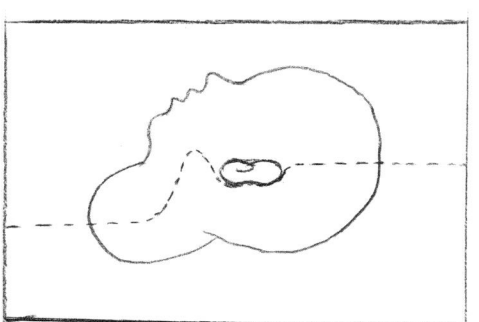

höchster Punkt rings um den Kopf

61 Hier ist die Einbettungs- bzw. Gußnaht deutlich zu sehen.

Das Einbetten des Kopfes in Plastilin

Bei absolut millimetergenauem Arbeiten – was beim Formenbau und dann auch beim Einbetten des Kopfes unabdingbar ist – werden durch das Bestimmen der höchsten Punkte Hinterschnitte der Kopfrundungen völlig ausgeschlossen. Wie aber bestimme ich die höchsten Punkte? Der Kopf liegt bereits waagerecht auf dem unteren Einbettungsbrett. Durch Anlegen des Winkeleisens um den gesamten Kopf herum (s. Abb. 60, 62) ermittelt man die gesuchten Punkte (wo das Eisen anstößt) und markiert sie mit einem Holzstäbchen.

62 Anlegen des Winkeleisens.

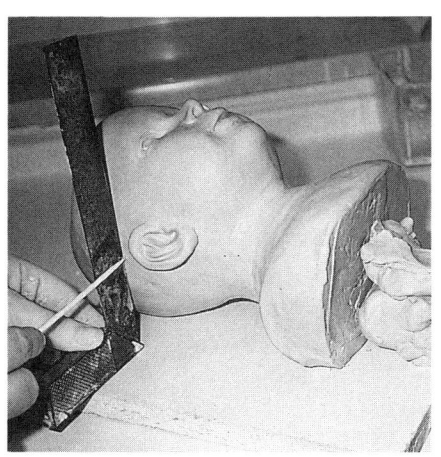

Nachdem man sich die Punkte rund um den Kopf angezeichnet hat, bettet man diesen rundum bis an die äußere Kante des Auflagebrettes mit Plastilin ein und folgt dabei immer dem Verlauf und der Höhe der »Naht«. Dadurch ergeben sich auch die unterschiedlichen Erhöhungen im Plastilin, wie sie in Abbildung 63 zu sehen sind. Da das später zu gießende Porzellan durch den Feuchtigkeitsentzug in der Gipsform immer ein wenig schrumpft, legen wir unser Modell mit der Büste nicht ganz an das Brettende an. Es sollten hier noch etwa 3 bis 4 cm Platz bleiben. Dieser freibleibende Raum wird bei der Einbettung mit Plastilin so aus- und aufgefüllt, daß damit eine »Verlängerung« der Büste verbunden ist. Dies erleichtert uns das Gießen, wir brauchen somit nicht nachgießen. Gleichzeitig wird damit überhaupt erst die Voraussetzung des Gußkanals für das spätere Eingießen der Porzellanmasse erfüllt.

In der gleichen Abbildung sind deutlich noch rechts und links von der Puppenstirn zwei halbkugelförmige Vertiefungen in der Einbettungsmasse zu sehen. Sie werden mit Hilfe der kleinen Holzkugel eingedrückt. Diese Vorgehensweise dient – etwa vergleichbar einer Zapfenverbindung von Holzteilen – der besseren Fixierung der Formhälften untereinander (s. auch Abb. 66). Die nachfolgend beschriebenen und mit Fotos belegten Arbeitsschritte des Gießens werden dies etwas leichter nachvollziehbar machen.

63 Der Kopf wird in die Form eingebettet.

Benötigtes Werkzeug und Material

– Modelliergips
– Porzellanmasse (Gallone im Handel erhältlich)
– Skalpell
– Nylonstrumpf zum Schleifen
– Schleifschwamm; Wasserschleifpapier
– Eimer
– Schmierseife
– Brennofen bzw. Brennmöglichkeit

Das Gießen der ersten Formenhälfte

Die Gipsmasse ist nach den Angaben des Herstellers zuzubereiten. Zur Mengenangabe möchte ich sagen, daß es genügt, wenn Sie 5 Teile Gips mit 1 Teil Wasser anrühren. Nun wird die Form so weit ausgegossen, bis der gesamte Kopf völlig mit Gips bedeckt ist (ca. 2 bis 3 cm höher gießen, als der Kopf liegt, vgl. hierzu Abb. 65). Dann läßt man den Gips lufttrocknen, was etwa ein bis zwei Stunden in Anspruch nimmt. Legen Sie nun die gesamte Form auf die glatte Gipsseite und entfernen Sie alle vier Seitenbretter und das Bodenbrett. Das Plastilin wird daraufhin

vorsichtig abgenommen und der Kopf noch vorsichtiger herausgelöst. Sie haben jetzt die Chance, eventuelle Unebenheiten auf der ersten Gipsformhälfte mit ganz feinem Wasserschleifpapier abzuschmirgeln, *aber nur auf der Gipsformhälfte* und nicht im Kopfnegativ. Die äußeren Kanten der Gipsform werden etwas rund geschliffen, damit man sich später nicht verletzen kann. Jetzt legen Sie Ihren Modellkopf wieder in die Formenhälfte.
Umbauen Sie nun wieder vier Ihrer Formbretter, aber dieses Mal um die erste Formenhälfte. Gummibänder oder Schnur zur Festigung nicht vergessen!

Das Gießen der zweiten Formenhälfte

Vor dem Gießen der zweiten Hälfte ist noch ein weiterer Arbeitsvorgang einzuschalten: Abbildung 64 zeigt Ihnen, wie nun der Hinterkopf des Modells und auch die Formenhälfte mit Schmierseife einzupinseln sind. Dies ist deshalb erforderlich, um danach die Formen leicht voneinander trennen und andererseits auch den Kopf

problemlos herauslösen zu können. Nun können Sie die zweite Formenhälfte mit Gips ausgießen; er sollte den Kopf erneut 3 cm hoch bedecken (s. Abb. 65).
Wenn sie exakt gearbeitet haben, können die Formen nach dem Aushärten leicht voneinander getrennt werden. Foto 67 zeigt rechts den Kopf, wie er noch ganz in der Form liegt, in Abbildung 68 ist er dagegen samt dem Büstenansatz schon aus der Form entnommen worden.

64 Nach dem Gießen der ersten Formenhälfte werden nach Hartwerden des Gipses Form und Kopf mit Schmierseife eingepinselt.

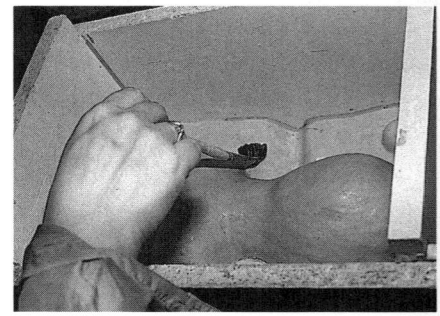

Das Eingießen der Porzellanmasse und daran anschließende Arbeiten

Die beiden Formenteile werden wieder zusammengesetzt und mit zwei breiten Gummibändern haltbar geschlossen. Wir stellen die Form aufrecht hin, daß der Eingußkanal oben liegt.

Die bereits gebrauchsbereite Porzellanmasse wird im Originalbehälter kräftig geschüttelt und durch ein Sieb in einen Eimer oder einen anderen dafür vorgesehenen Behälter (eventuell mit Ausgießvorrichtung) gegossen. Aus diesem Gefäß gießen Sie nun durch den Eingußkanal *langsam* die Masse bis an die äußerste Gipskante Ihrer Form ein (s. Abb. 69). Der Porzellanverbrauch richtet sich dabei nach der jeweiligen Größe der Form.

Sie lassen das Porzellan etwa 10 Minuten in Ihrer Form und gießen es anschließend zurück in den Eimer. Bei einer erneuten »Reinigung« der Masse mit Hilfe eines Siebes können Sie das Porzellan in das Originalbehältnis – zur weiteren Aufbewahrung und Verwendung – zurückgießen. Stellen Sie die Form mit der Öffnung nach unten auf eine Unterlage, so daß auch noch der letzte Überschuß Porzellan abtropfen kann. Eine Stunde sollte die Form mindestens so

65 Das Eingießen der zweiten Formenhälfte; der Kopf weist nun mit dem Hinterkopf zu uns.

66 Die Form wird geöffnet.

67 Der Kopf liegt noch in der Form.

68 Der entnommene Plastilinkopf und die beiden Formenhälften.

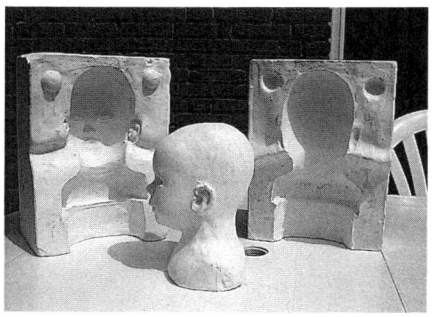

stehen, allerdings auf keinen Fall länger als einen Tag (besonders wenn der Raum warm ist). Sonst wird es schwerer, die Form zu öffnen, ohne den Porzellankopf beim Herausnehmen zu beschädigen.

Öffnen Sie nun die Form und schneiden Sie auch gleich mit dem Skalpell sowohl die Augen heraus (später wäre es viel mühsamer) als auch zwei durchgehende Löcher in die Brustplatte, um in der Folge das Anbringen der Büste am Körper mittels Nadel und Faden zu gewährleisten. Die Abbildungen 70, 72 und 73 veranschaulichen dies.

Der Kopf wird jetzt herausgenommen und sollte noch zwei bis drei Tage zum Austrocknen stehend an einem sauberen, durchlüfteten Platz aufgestellt werden: er wird nun als »Rohling« bezeichnet und nimmt nach zwei bis fünf Tagen eine weiße Farbe an.

69 Die Porzellanmasse wird in die wieder zusammengesetzte Form gegossen.

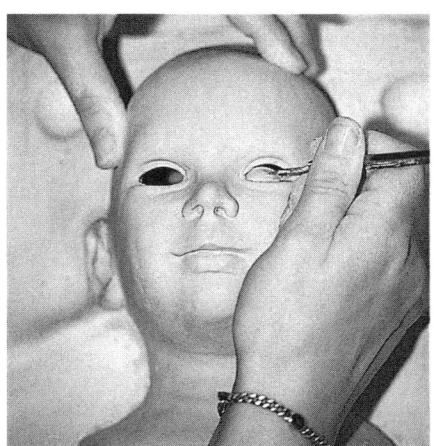

70 Die Augen werden ausgeschnitten, während der Kopf noch in der Form liegt.

Das Schleifen des Kopfes

Mit dem um einen Finger gewickelten Nylonstrumpf sind alle Unebenheiten durch Schleifen zu entfernen (s. Abb. 71). Auch den Augenausschnitt muß man glätten. Dies geschieht, indem man den Nylonstrumpf um einen Stab mit Holzkugel (s. Abb. 10) wickelt, diesen vorsichtig durch die Halsöffnung in den Kopf führt und die Kugel mit sehr sanftem Druck von innen gegen die Augenöffnung legt. Vorsichtig

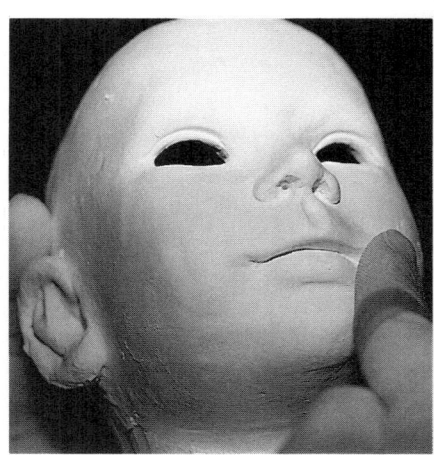

71 Der Kopf wird mit dem Nylonstrumpf poliert.

dreht man nun die Kugel so lange, bis die Augenhöhle gleichmäßig geschliffen ist. Behandeln Sie den Rohling jedoch *immer* wie ein rohes Ei, da er sehr bruchempfindlich ist! Die Halsöffnung und die Kopfnaht säubert man mit einem Skalpell, indem man die außenliegende, sichtbare Kopfnaht abschneidet. Nachgeschliffen wird wieder mit dem Nylonstrumpf.

Der Kopf wird anschließend mit einem weichen Pinsel von allen Staubteilchen gereinigt und im Brennofen auf eine Sandschicht (im Fachhandel erhältlich) zum Brennen gestellt.

In gleicher Weise werden auch Arme und Füße gefertigt, gegossen und geschliffen.

Das Brennen der Porzellanteile (Hartbrand)

Der Ihnen zur Verfügung stehende Brennofen sollte groß genug sein, den Kopf darin in einer Sandschicht stehend (wie oben erwähnt) frei einzustellen, ohne daß er irgendwo anstößt. Dies gilt ganz besonders auch

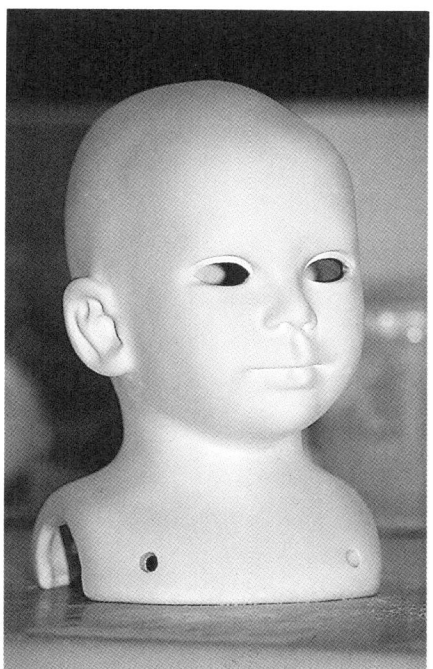

72 Der gegossene Porzellankopf. Deutlich zu sehen sind die Augenhöhlen und die Löcher in der Brustplatte.

dann, wenn Sie vielleicht gleichzeitig mehrere Köpfe brennen wollen.

Zur Handhabung der Brenntemperaturen macht der Hersteller des Ofens Angaben; für Ihren ganz speziellen Porzellantyp übernehmen Sie bitte die Angaben des Porzellanherstellers, auch was die Dauer des Brandes angeht.

Bei einem Elektroofen wird die Gradzahl voreingestellt. Bei Erreichung der Gradzahl schaltet der Ofen automatisch ab. Nachdem der Kopf ausgekühlt ist, was mindestens vier Stunden in Anspruch nimmt, wird er mit einem Schleifschwamm, das ist sehr feines Sandpapier mit Schwammunterlage, rundherum abgerieben, um das Porzellan zu glätten.

Ebenso sind auch die Hände und Füße zu brennen und anschließend zu schleifen.

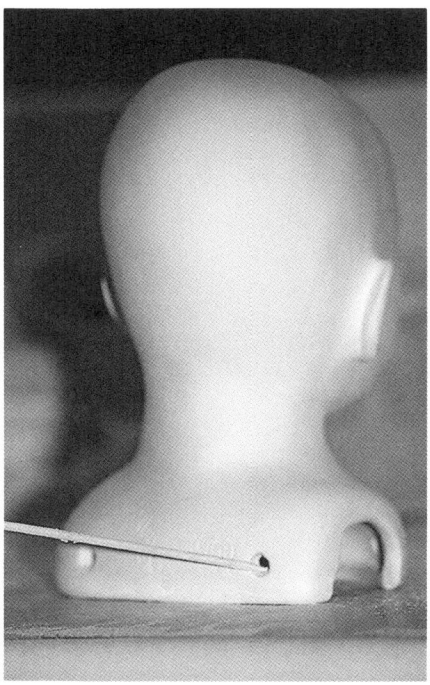

73 Rückansicht. Durch ein Loch der Brustplatte ist bereits ein Faden zur Befestigung am Puppenkörper gezogen.

ZUM EINFÄRBEN, BEMALEN UND FERTIGSTELLEN DER PORZELLANTEILE

Benötigtes Werkzeug und Material

– verschiedene Pinsel mit feiner Spitze von bester Qualität (ganz feines Naturhaar)
– beschichtetes Holzbrett oder glatte Fliese zum Anmischen der Farben
– Porzellanmalfarbe in Pulverform, in folgenden Anteilen:
   1 Teil braune Farbe
   1/2 Teil orange Farbe
   1/8 Teil blaue Farbe
   1/8 Teil gelbe Farbe
– Copaivabalsam
– Malspachtel
– Papier- bzw. Seidentücher
– Wattestäbchen
– Skalpell
– Puppenaugen
– Augenwachs; etwas Gips
– Puppenperücke
– Klebstoff

Zum Einfärben des Kopfes sowie von Händen und Füßen werden die Porzellanmalfarben mit wenig Copaivaöl – einem Naturbalsam aus den Säften des Copaivabaumes – mit Hilfe der Spachtel angerührt, entweder auf der Fliese, dem Brett oder einer Glasplatte (s. Abb. 74).

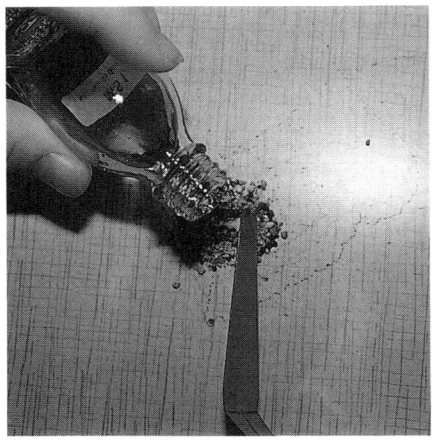

74 Anmischen der Porzellanmalfarben.

75 Nach dem Malen der Augenwimpern ist die Reihe an den Augenbrauen.

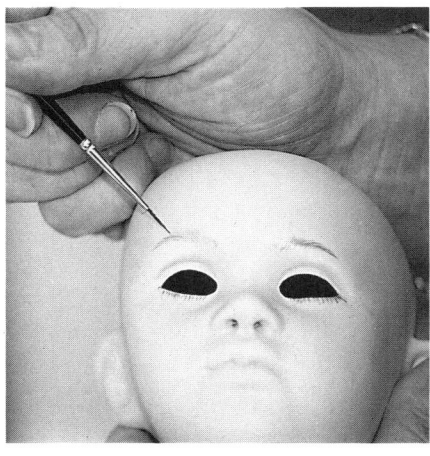

Das Bemalen im Wechsel mit den Farbbränden

Die angemischte Farbe wird über den ganzen Kopf mit einem Papiertüchlein (oder noch besser Seidentuch, da es sehr zart ist) gleichmäßig aufgetragen; in gleicher Weise werden Hände und Füße eingefärbt. Nun erfolgt der *1. Farbbrand*, der die Porzellanfarbe auf der Oberfläche fixiert. Die Temperatur beträgt in der Regel 700 Grad Celsius, die Brenndauer etwa eine Stunde.

Die Farbe ist für unser Beispiel, das in der Folge seines Werdeganges mit Fotos genau dokumentiert wird, typbezogen hell gewählt. Vielleicht werden später unter Ihren Händen auch kleine Indianerpuppenkinder, Chinesen oder Afrikaner entstehen, und da wird sich genug Gelegenheit bieten, alle möglichen Farbvarianten auszuprobieren, bis Sie den Ihren Zielen und Vorstellungen adäquatesten Farbton ge- oder sogar erfunden haben.

Malen Sie mit der Pinselspitze mit hellbrauner Farbe sehr feine Augenwimpern um die Augen und malen Sie behutsam ganz zarte Augenbrauen (Abb. 75).

76 Der Mund wird ausgemalt.

77 Die Wangen Inas werden nun eingefärbt.

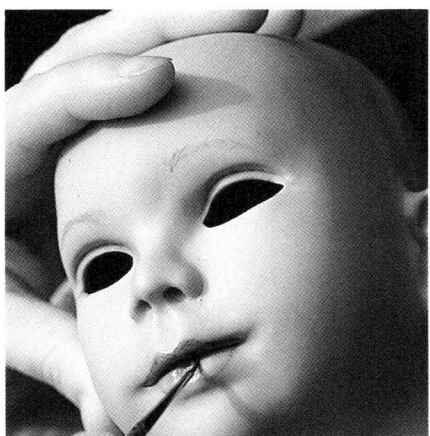

Um bei der anschließenden Bemalung des Mundes nichts zu verwischen, legen Sie bitte einen *2. Farbbrand* ein.

Mit Rot sind die Lippenumrisse zu ziehen, danach werden die Lippenflächen ausgefüllt (Abb. 76).

Es folgt nun *Farbbrand Nummer 3*. Mit dem Papiertuch oder Seide werden die Wangen in der Farbe Orangerot betont (nur leicht tupfen, Abb. 77). Wenn es Ihnen gefällt und zum Charakter Ihrer Puppe paßt, können Sie noch ein paar oder gar viele Sommersprossen auftupfen, wie es das vorgestellte Beispiel zeigt (Abb. 78).

Der *4. Farbbrand* beendet diesen Arbeitsgang. Vergessen Sie beim letzten Brand nicht, den Ofen auch mit den eingefärbten Händen und Füßen zu beschicken.

Das Einsetzen der Glasaugen

Glasaugen erhalten Sie im Fachhandel. Es versteht sich von selbst, daß Sie im Interesse einer vollkommen natürlich wirkenden Puppe nur die beste Qualität verwenden möchten. Sie wollen doch auch, daß Ihr »Kind« verträumt und nicht starr drein-

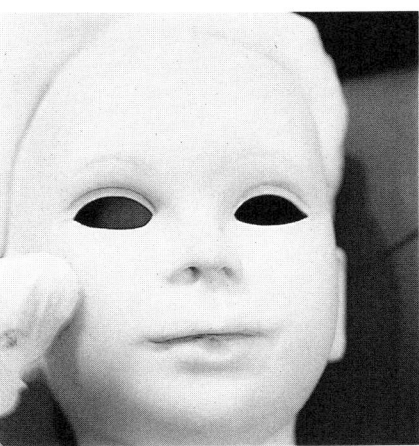

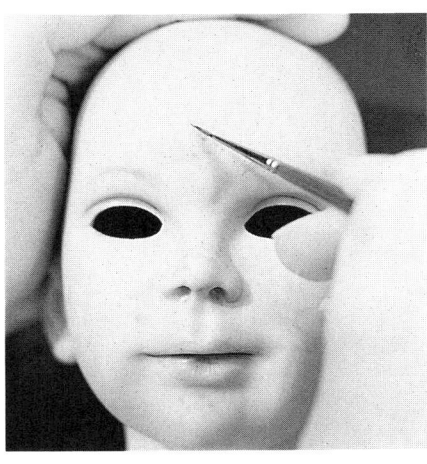

78 Zu guter Letzt werden Sommersprossen aufgetupft.

schaut, ob aus braunen Rehaugen oder Augen in tiefem Blau.

Die Augen werden mit Hilfe von Augenwachs (im Fachhandel erhältlich) von innen eingesetzt: Man nimmt ein Auge zwischen Daumen und Zeigefinger einer Hand und legt mit der anderen Hand einen kleinen, nicht mehr als einen halben Zentimeter dicken Streifen Augenwachs um den Augapfel. Vom Kopfinneren führt man ein Auge an den Augenausschnitt heran und drückt es vorsichtig in die Augenhöhle. Achten Sie auf die richtige Ausrichtung der Augen, damit Sie keine schielende Puppe bekommen. Das Auge ist nun mit dem Wachs innen an der Porzellanoberfläche fixiert. Um es dauerhaft zu befestigen, wird etwas mit Wasser angerührter Gips auch von innen mit Hilfe eines Löffelchens über beide Augen gegeben. Nach dem Trocknen des Gipses sitzen die Augen fest im Kopf; das überschüssige, noch zu sehende Wachs wird mit einem Modellierstäbchen, zum Beispiel einem Holzzahnstocher, vorne entfernt. Auf Wunsch können Sie mit diesem Zahnstocher auch Wimpern von außen in das Augenwachs drücken.

Das Aufsetzen der Perücke

Puppenperücken aus Echthaar, Mohairhaar oder Kunsthaar, die schon in passender Größe und Länge auf ein Gazenetz oder dehnbares Netz (z. B. Gummi) aufgenäht sind, können Sie gleichfalls im Fachhandel beziehen. Achten Sie bitte bei der Wahl der Perückenhaarfarbe darauf, daß sie harmonisch zum Typ und Gesamteindruck der Puppe paßt: Blond oder Rot stehen blassen, sommersprossigen Puppenmädchen oder -jungen gut, wogegen Schwarz und Braun den Dunkelhäutigen am meisten entsprechen. Ich habe für mein Beispiel, die Buchpuppe »Ina«, eine rote Echthaar-Lockenperücke gewählt, die Inas blassen, sommersprossigen Teint voll unterstreicht. Die Perücke wird erst probeweise aufgesetzt und, wenn alles stimmt und »sitzt«, mit tropffreiem, farblosem Kleber (z. B. UHU) bestrichen und dann aufgesetzt.

79 Schnittvorgaben für den Puppenkörper zum Hochvergrößern mit Hilfe eines Fotokopierers.

Zuerst werden die Abnäher geschlossen (Ausschnitte offen lassen); dann die Teile zusammennähen.

Benötigtes Werkzeug und Material

– Schere
– Nähgarn, am besten Leinen- oder Baumwollgarn hoher Reißfestigkeit
– Nähnadeln
– Füllstoff (Schafwolle oder Bastelwatte aus dem Fachhandel)
– Hemdchenband
– Holzstab
– Stoff für den Körper, am besten fester Leinenstoff
– Stoff für Kleid, Unterwäsche
– Knöpfe, eventuell Druckknöpfe

Die Herstellung des Puppenkörpers

Zeichnen Sie die Umrisse des Puppenkörpers (Rumpfes) im richtigen Verhältnis zu Kopf, Armen und Beinchen auf Ihren Puppenkörper-Stoff auf. Eine große Hilfe hinsichtlich der Maße kann Ihnen auch die Zeichnung 79 sein. Diese hochvergrößert, haben Sie bereits den Schnitt für Ihren Puppenkörper vor sich und die Arm- und Bein-Stoffteile in richtiger Größe.

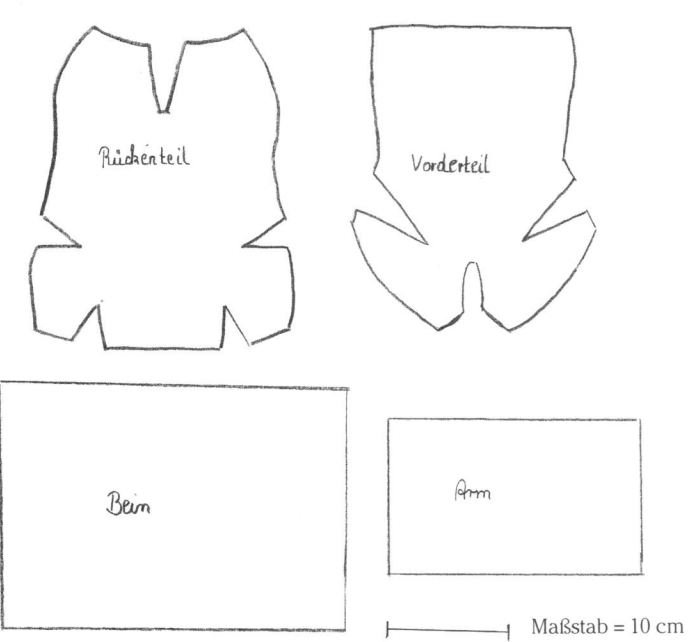

Rückenteil

Vorderteil

Bein

Arm

Maßstab = 10 cm

81 Ein Porzellan-
händchen mit Stoff-
»Manschette«. Zu se-
hen ist auch, wie der
Stoff mit Hemdbänd-
chen am Arm befe-
stigt ist.

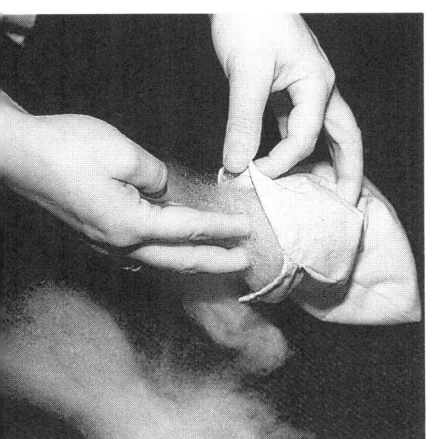

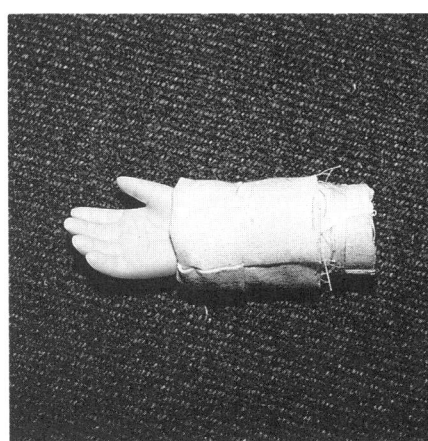

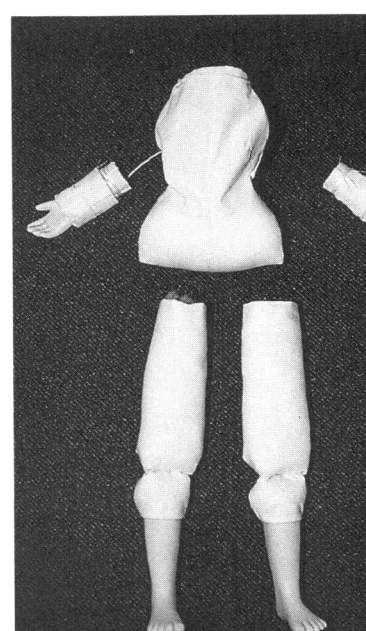

82 Der Arm entsteht.

83 Die einzelnen Tei-
le des Körpers vor dem
Zusammennähen.

Vorerst bleiben wir aber bei der Herstellung des Puppenrumpfes. Berücksichtigen Sie beim Aufzeichnen der
beiden Teile eine großzügige *Naht-
zugabe*!
Schneiden Sie daraufhin beide Hälften aus und nähen Sie die Stoffe zusammen. Wenn Sie Leinen als Material gewählt haben, verwenden Sie bitte *nur* organisches Garn.
Wenden Sie daraufhin den Stoff, fül-
len Sie den Körper mit der Wolle
oder Füllwatte (s. Abb. 80).
Hände und Füße erhalten gleichfalls
einen Stoffkorpus als Arme und Beine, die jeweils in gleicher Art zu-
geschnitten und genäht werden
(s. Schnittmuster, Abb. 79). Achtung:
Noch wird der Stoff nicht gewendet!
Abbildung 81 zeigt ihnen, wie und
wo der über die Hand beziehungsweise den Fuß geschobene Stoff-
schlauch mit dem Hemdbändchen
am Porzellankörperteil festgebunden
wird. Danach wird der Stoff umge-
stülpt, zurückgezogen und nun mit
Watte gefüllt (Abb. 82). Auf Abbildung 83 sehen Sie alle Körperteile so
beisammen liegen, wie sie dann
auch aneinandergenäht werden
(Abb. 84).

Der Rumpf des Puppenkindes wird mit der Büste fest verbunden, indem man mit Hilfe einer starken Nadel und mit reißfestem Garn die Büste an den Rumpf annäht (s. Abb. 85).

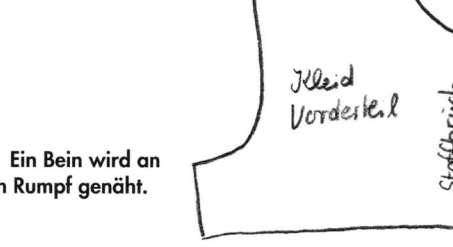
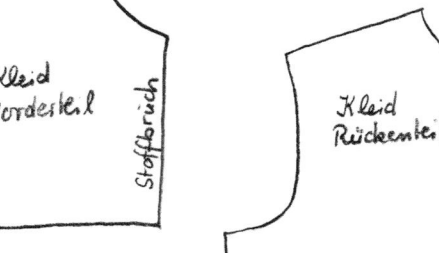

Kleid

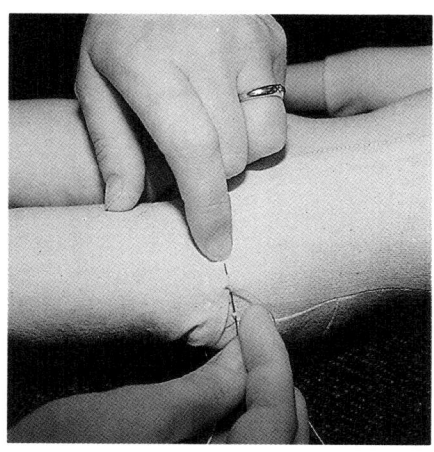

84 Ein Bein wird an den Rumpf genäht.

85 Der Körper wird mit der Büste verbunden.

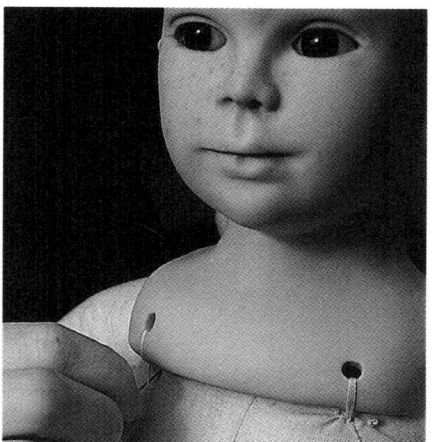

86 Schnittvorgaben für Puppenkleid. Links außen: der Kragen. ▷

40

Das Nähen des Kleides

Ein Grundwissen im Nähen vorausgesetzt, dürfte es Ihnen wohl nicht schwer fallen, die Schnitte maßstabsgerecht hochzuvergrößern und sinnvoll zu verwenden (Abb. 86). Welchen Stoff Sie verwenden, bleibt Ihrem Geschmack überlassen. Der Chiffonstoff, den ich bei Ina verwendet habe, ist vielleicht für Anfänger etwas schwierig zu arbeiten, deshalb empfehle ich zunächst einen leichten Baumwollstoff. Sparen Sie nicht an der Qualität und der Menge des Stoffes und verwenden Sie für Spitzenansätze nur zarte Spitzen. Das Ergebnis wird Kosten und Mühen rechtfertigen (s. Abb. 89). Als Garn verwende ich zu Baumwollstoffen grundsätzlich Baumwollgarn, da Kunstseidengarn leicht die Stoffe einreißt.

Die Unterwäsche

Wollen Sie ganz perfekt arbeiten, braucht Ihr Puppenmädchen vielleicht auch schöne Unterwäsche. Einen Unterrock- und einen Unterhosenschnitt finden Sie anbei (Abb. 87), und die Ausführung stellt alle nur theoretischen Vorstellungen in den Schatten (Abb. 88).

**87 Schnittvorgaben für die Puppenunterwäsche.
Unten: der Volant.** ▷

Unterhose

27 cm

Naht vorne Mitte

Naht hinten Mitte

22 cm

Gummiband einhalten

↑ Spitze   25 cm

Fadenlauf

Unterrock

20 cm   1 m

5 cm   doppelte Rockbreite

Unterwäsche

88 Sieht sie nicht bezaubernd aus? Ina in Unterwäsche…

Auf den folgenden Seiten finden Sie Abbildungen fertiger Puppen.

Romantische Puppen
(Abb. 89–107)

89 Ina im Blütenflor.

90 Ina – ganz ver-
träumt.

91 Unsere Piroschka
vom Titelbild.

92 Und so kennen
und lieben wir sie be-
reits...

93 Gitta, barfuß auf
dem Rasen sitzend.

94 Gittas liebliches Gesichtchen.

95 »Tränchen« heißt diese Kleine – warum sie wohl traurig ist?

96 »Tränchen« –
Porträt.

97 Luise ganz in strahlendem Weiß (vgl. auch Abb. 7).

98 Christine Janett ist eine kleine Biedermeierschönheit.

51

99 Isolde dagegen umgibt ein Geheimnis.

100 Cathlen, eine
zarte Rothaarige.

101 Ariel auf der
Fensterbank.

102 Ariel – Porträt.

103 Die glutäugige
Ebony mit ihrem
Kind.

104 Meine Traum-
puppe.

105 Loni – halb Kind, halb Erwachsene.

106 Lottchen sucht noch ihre Doppelgängerin.

**107 Das Pärchen
Hanna und Hannes.**

108 Zur Abwechslung mal ein kleiner Junge: die Märchenfigur Hänsel.

**Fröhliche Kinder
(Abb. 109–111).**

**109 Christin hat et-
was Keckes an sich.**

110 Auch Lisbeth ist eine ganz Muntere.

111 Schwestern
beim Spaziergang.

112 Dieses kleine
farbige Mädchen
steht für die Kinder
aus aller Welt.

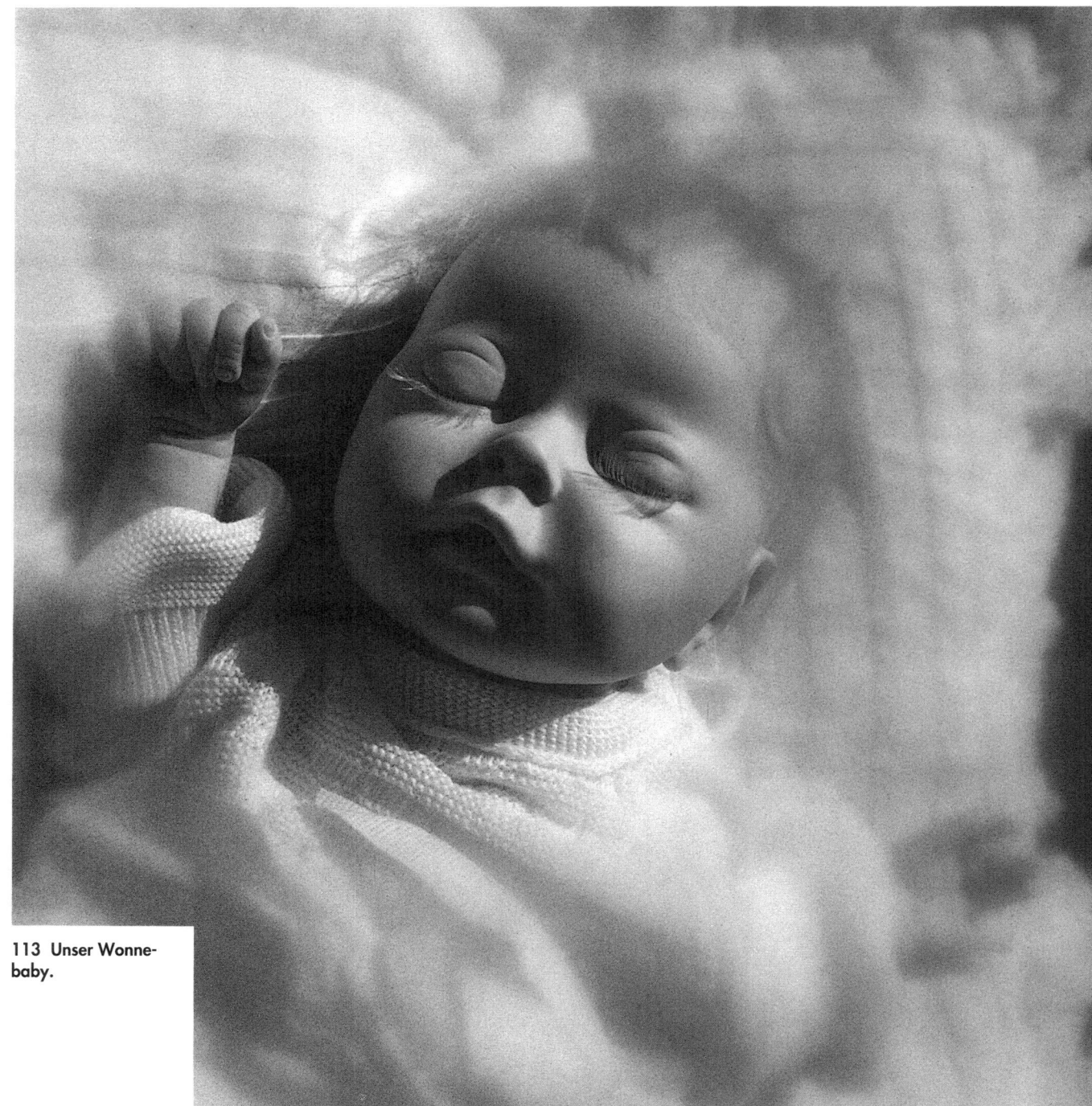

113 Unser Wonne-
baby.

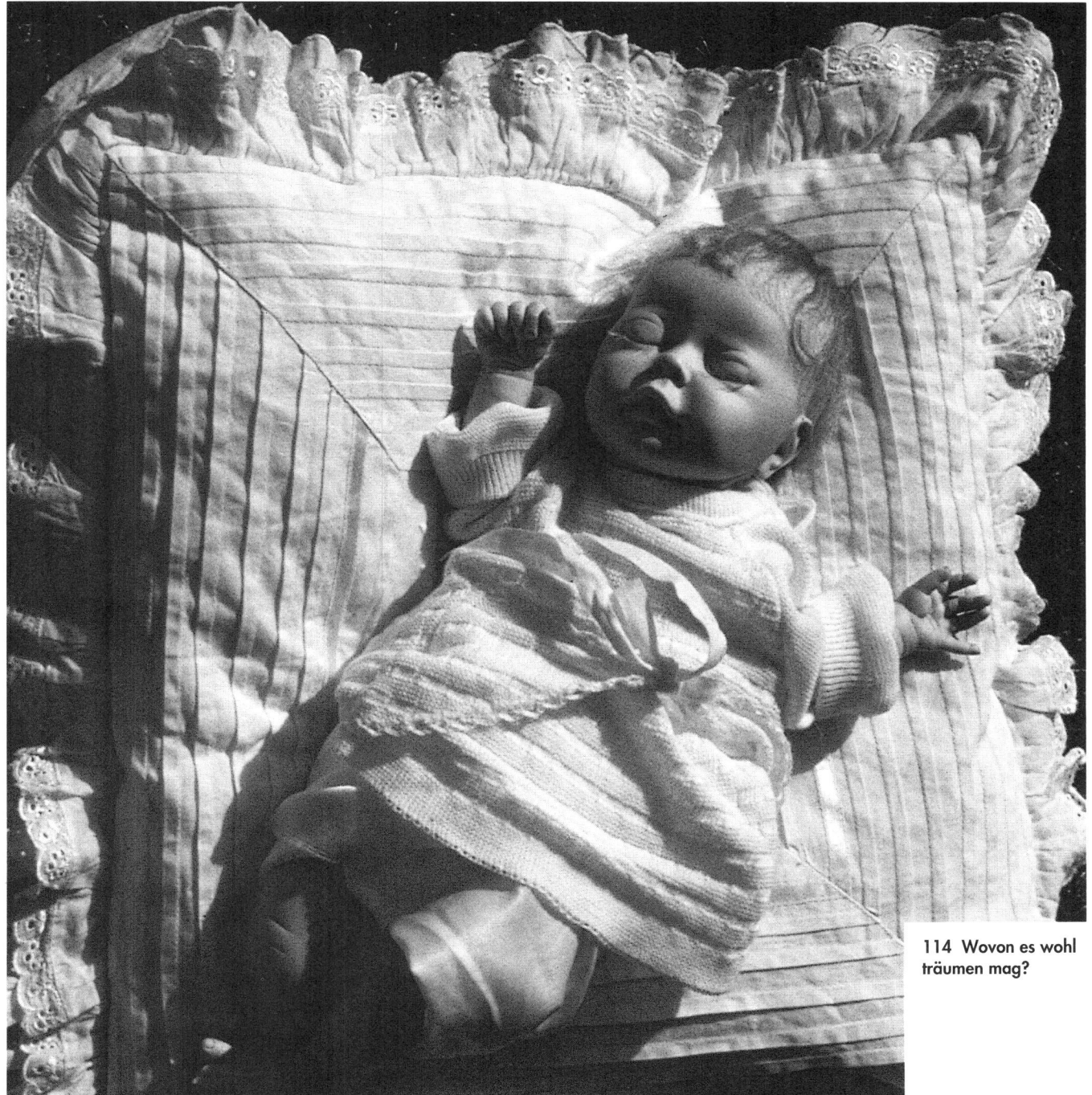

114 Wovon es wohl
träumen mag?

115 Ein romantisches Gruppenbild im Schnee.

116 Die »Schnee-
königin« des Mär-
chens von H. C. An-
dersen mit Gerda und
Kai im Schnee. Diese
Szene wurde auf dem
Eurodoll-Wettbewerb
mit Gold prämiert.

Ute Kase-Lepp wurde am 13. Februar 1952 in Gamsen bei Gifhorn geboren. Schon mit vier Jahren begann sie mit ersten Modellierversuchen für Puppen aus Fensterkitt (sehr zum Leidwesen der Glaser) und fand – bedingt durch eine Krankheit, welche sie für neun Jahre in ihrer Bewegungsfähigkeit weitgehend beschränkte – Gelegenheit, aus ihrer Leidenschaft für Puppen jeglicher Art, im besonderen Charakterpuppen, weit mehr als ein Hobby zu machen. Die Begeisterung beim Entwerfen und Nähen von Kleidern für ihre Lieblinge führte sie zum Besuch einer Schule für Modedesign; außerdem absolvierte sie ein Psychologiestudium.

Ihr größter Wunsch war es von da an, Charaktere und Stimmungen in Ausdruck und Gestik ihrer Puppenkinder offenbar werden zu lassen.

1979 erlernt sie die Technik des Modellierens nach bildhauerischem Vorbild und den Formenbau.

1982 kommt es zu ersten Ausstellungen mit Puppen in Düsseldorf, Gifhorn, Fallersleben, Braunschweig und den umliegenden Städten,

1983–1987 zu weiteren Ausstellungen in Kunstvereinen.

Seit 1985 ist sie wohnhaft in München mit eigenem Atelier.

1987 erhält sie ihre erste Auszeichnung des Doll Artisan Guild,

1988, 1989 weitere Auszeichnungen.

1990 folgt – neben mehreren Goldmedaillen – der einmalig vergebene Eurodoll-Publikumspreis für ihre »Berliner Kinder«,

1991 neben weiteren Goldmedaillen der Eurodoll-Publikumspreis für die »Kleinen Strolche«.

Ute Kase-Lepp

Es folgen Ausstellungen in Österreich, Frankreich, der Schweiz, in den USA, in Japan und natürlich in Deutschland, zum Beispiel dem Spielzeugmuseum in Neustadt bei Coburg. Eine ständige Ausstellung zeigt das Kaffeemuseum zum Puppenhaus in Immenstaad – Bodensee. Sonderausstellungen zeigt das Museum der Deutschen Spielzeugindustrie in Neustadt bei Coburg: Dazu der Direktor Udo Leidner: »Künstlerpuppen sind längst keine Privatsache mehr und erst recht nicht mehr Produkte einer hobbymäßigen Beschäftigung… Die Objekte von Frau Kase-Lepp zeichnen sich nicht nur durch eine handwerklich solide Verarbeitung ausgesuchter Materialien aus, sondern wirken durch die Beherrschung von Anatomie, Physiognomie und Mimik besonders lebensecht. Frau Kase-Lepp profitiert hierbei von ihrer Ausbildung zur Psychologin. So paart sich bei ihr das Erkennen und Analysieren wesentlicher Charaktereigenschaften eines Menschen mit dem Talent und der handwerklichen Voraussetzung, diese in Porzellan umzusetzen.«

Dazu kommt eine alljährlich in München stattfindende Privat-Vernissage, die die Künstlerin mit großer Liebe ausrichtet, und zu der die Puppensammler aus aller Welt anreisen. Ihre Begeisterung und ihr Lob sowie internationale Anerkennungen und Auszeichnungen haben Frau Kase-Lepp zu einem Ruf verholfen, der dazu beiträgt, daß die »Puppenkunst« ohne ihre Fähigkeiten und ihr Wissen nicht mehr denkbar ist. »Erfahrung in der Psychologie und in der Mode sowie 13 Jahre Übung haben es mir ermöglicht, diese Geschöpfe zu schaffen«, sagt die Künstlerin. Und so haben – völlig zu Recht – einige ihrer Exponate bereits einen festen Platz in ständigen Ausstellungen von Galerien und Museen gefunden.

Dank und Widmung

Für die besondere Mühe und Geduld, die meine Familie, Mitarbeiter und Freunde aufbrachten, ohne die dieses Buch nicht hätte entstehen können, möchte ich mich an dieser Stelle recht herzlich bedanken. Ich wünsche mir weiterhin ein so herzliches Miteinander. Ohne diese Wärme und das Verständnis aller – auch in Zeiten, in denen es nicht nur Freude, sondern auch Streß und Hektik, Verstimmungen und Launen gab, in denen ich manchmal sogar aufgeben wollte – wäre es mir unmöglich gewesen, weiterhin so kreativ zu sein.

Ich widme daher dieses Buch meiner Familie, den Mitarbeitern und wirklichen Freunden, die mich immer unterstützt und bisweilen wieder aufgebaut haben.

Puppenmuseen

Eine ständige Ausstellung ist zu sehen im Kaffeemuseum zum Puppenhaus, Kirchberger Str. 15, 7997 Immenstaad-Kippenhausen, Tel. 07545/6510, darunter die »Kleinen Strolche«, die »Berliner Kinder« und »Schneewittchen«. Das Museum der Deutschen Spielzeugindustrie (Leiter Udo Leidner), Hindenburgplatz 1, 8632 Neustadt b. Coburg, Tel. 09568–5600, stellt im Rahmen von Sonderausstellungen auch die Künstlerpuppen von Frau Kase-Lepp vor.

Bildnachweis

Die Zeichnungen stammen sämtlich von Ute Kase-Lepp, Alte Riede 25, 3170 Gifhorn, Tel. 05371/4490 oder Wilhelmstr. 39, 8000 München 40, Tel. 089/332466.
Die Fotos wurden aufgenommen von Udo Hoyer, Gifhorn: 5, 9, 10, 23, 24, 47, 49, 50, 62, 63, 64, 65, 69, 70, 71, 72, 73, 97, 104, 107, 115, 116.
Bernd Kammrath, Braunschweig: 91, 92, 93, 94, 101, 102, 110, 111, 112.
Georg Wentges, München: S. 2–5, 7, 8, 18, 19, 20, 21, 26, 28, 31, 33, 35, 37, 38, 40, 42, 43, 45, 66, 67, 68, 74, 75, 76, 77, 78, 80, 81, 82, 83, 84, 85, 88, 89, 90, 95, 96, 98, 99, 100, 103, 105, 106, 108, 109, 113, 114.

Die Neuen Creativen

Ute Kase-Lepp
**Romantische Puppen
selbst gemacht**
*Künstlerpuppen aus Porzellan
Ideen, Anleitung, Ausführung*
72 Seiten, 84 farbige
und 50 sw. Abbildungen.
Gebunden.
CALLWEY CREATIV SPEZIAL

Uwe Geißler
Porzellanmalerei Rosen
Ideen, Beispiele, Techniken
72 Seiten, 29 farbige
und 30 sw. Abbildungen.
Gebunden.
CALLWEY CREATIV SPEZIAL

Für den anspruchsvollen Hobby-Künstler ist CALLWEY CREATIV SPEZIAL der richtige Ansatz. Ein durchdachter Aufbau, viele Schritt-für-Schritt-Abbildungen, Sachregister und vorbildlicher Text machen den Einstieg in das gewählte Spezialgebiet leicht. Mit CALLWEY CREATIV SPEZIAL erweitern Sie Ihre gestalterischen Möglichkeiten.

Traudi Dwinger
**Seidenmalerei
Abstrakte Muster
und Ornamente**
Ideen, Beispiele, Techniken
72 Seiten, 46 farbige und
50 sw. Abbildungen.
Gebunden.
CALLWEY CREATIV SPEZIAL

Traudi Dwinger
Seidenmalerei Blumen
Ideen, Beispiele, Techniken
72 Seiten, 51 farbige und
42 sw. Abbildungen.
Gebunden.
CALLWEY CREATIV SPEZIAL

Callwey Verlag München